十力
文化

U0071970

◎ 告人與被告都要注意的細節 ◎

圖解 民事訴訟

第一次打民事官司就OK！

《第二版》

錢世傑 法學博士

序 〈二版〉

民事官司，總是讓人心煩！

不懂法律產生的徬往無助感，自己的權利該如何爭取？複雜的訴訟程序帶給內心沉重壓力。對方會不會脫產？該如何確保自己的債權？訴訟過程中，該如何主張權利呢？如何撰寫存證信函？如何提出起訴、上訴？還有怎麼強制執行呢？筆者希望透過本書解決讀者心中的疑惑，讓讀者第一次打民事官司就OK！

案例導讀

有鑑於一般民眾對於法律知識比較生疏，再加上許多法律文字詰屈聱牙，內容著實讓人難以理解。本書嘗試在最常用的民事訴訟體系架構下，以輕鬆易懂的筆調，穿插許多社會上發生的真實案例，讓讀者能夠更快地吸收民事官司的各種知識。

圖像式閱讀

由於民事訴訟法是探討如何打民事官司程序上的問題，相對而言也比較繁雜，如果單純閱讀文字，恐怕容易讓人頭昏眼花。因此，本書以法官的實務經驗為基礎，將各種程序概念以數十張圖、表、流程的方式呈現，從如何寫存證信函、假扣押、支付命令，進入民事訴訟的起訴、上訴，以及強制執行程序，讓讀者能在豐富圖表內容中享受圖像式閱讀的樂趣。

訴狀範例說明

　　一本好的民事訴訟書，除了要能讓讀者知道民事訴訟相關知識，更重要的是能讓讀者知道如何活用所學到的知識內容。本書舉了數個實務範例，並且輔以清楚說明，就好像一位法官或律師陪在身邊一樣，讓讀者可以立即活用參考的案例，成為一位民事訴訟專家。

　　本書致力於突破過去法律書枯燥難懂的問題，希望能藉由多樣化內容的呈現，讓有興趣或有需要學習民事訴訟的讀者，能夠快速」地學習到應有的知識，也能夠立即解決所面臨的問題，讓每一位本書讀者，都能夠第一次打民事官司就 OK!

錢世傑

中華民國 110 年 5 月 10 日

目 錄
CONTENTS

第三章 支付命令

第四章 起訴

目錄
CONTENTS

　　人與人之間常會發生民事上的糾紛，譬如甲欠乙錢，乙可以依據民法借貸關係規定請求甲還錢；甲賣車給乙，乙交付價金之後，就可以依據民法規定請求甲給付車輛。

　　但是若雙方有爭議時，就必須透過公正的第三人，也就是法院來判斷是非。先回想一下古裝劇的情節，當事人間產生糾紛要找縣太爺協助調解，第一步就是擊鼓鳴冤，接著就聽到吏卒擊鼓升堂、高喊威武，第三步縣太爺升堂問話，這時候當事人可以聘請訟師（現代稱之為律師）幫忙打官司，雙方如何攻防，庭上說謊會受什麼處罰，都有一定的規則。若縣太爺所做出的裁判，當事人不滿時，還可以到省府上訴，甚至還可以到京都首府向皇帝告御狀，這些就是所謂的訴訟程序。

　　當然，現代社會的訴訟程序已經相當成熟，建立在公平、公正、公開的基本價值之上，以解決社會上民事生活關係的紛爭，紛爭的解決優先於真實的發現。

　　此外，任何訴訟制度貴求公正、適當，民事訴訴法也不例外，但是相較於刑事訴訟制度力求真實的發現，民事訴訟機制則希望能達到快速解決紛爭的目的，因此也會著重於迅速、經濟的目的。在公正、適當及迅速、經濟之間，必定會產生衝突，若僅追求公正、適當，在某種程度上也會犧牲迅速、經濟，反之亦然。這是在運用民事訴訟法時，所必須具備的基本概念。

民事訴訟法與民法之關係圖

民事訴訟法是程序法，相對的法律就是實體法，例如民法。

若以民法與民事訴訟法的關係為例，可以用火車與鐵軌來形容，火車就好比是民法，鐵軌就好比是民事訴訟法。

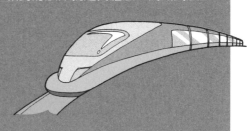

透過民事訴訟法的程序帶領下，讓與民法有關的事實關係，可以順利地呈現於法庭之中。

民事訴訟程序若僅追求公正、適當，在某種程度上也會犧牲迅速、經濟，反之亦然。

四步驟，找到你想要的法律規定

　　生活上的每一件事情幾乎都跟法律有關係，找到相關的法律規定才知道問題該如何解決，還有什麼該注意的事項。

　　例如很多債權人借錢給別人，以為只要有借據，無論過了多少年都可以向債務人要錢，過了2、30年都還沒有向對方要錢，卻不知只要過了15年沒有主張債權，債務人就可以主張時效消滅，不必還錢了。當事人若能事先瞭解這些法律規定，必然有助於權利的保障。該怎麼找到這些法規呢？

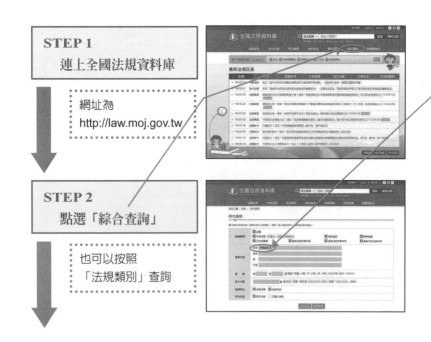

STEP 1
　連上全國法規資料庫

網址為
http://law.moj.gov.tw

STEP 2
　點選「綜合查詢」

也可以按照
「法規類別」查詢

STEP 3
輸入關鍵字查詢

例如輸入「民事訴訟法」，點選查詢

📍 中央法規 > 法規名稱

序號	法規名稱
1.	民事訴訟法（民國 110 年 01 月 20 日）EN
2.	民事訴訟法施行法（民國 110 年 01 月 20 日）EN

STEP 4
找到所要的法條

第 一 編 總則
　第 一 章 法院
　　第 一 節 管轄
第 1 條　訴訟，由被告住所地之法院管轄。被告住所地之法院不能行使職權者，由其居所地之法院管轄。訴之原因事實發生於被告居所地者，亦得由其居所地之法院管轄。
　　被告在中華民國現無住所或住所不明者，以其在中華民國之居所，視為其住所；無居所或居所不明者，以其在中華民國最後之住所，視為其住所。
　　在外國享有治外法權之中華民國人，不能依前二項規定定管轄法院者，以中央政府所在地視為其住所地。

四個步驟，找到你想要的法律判決

　　發生法律上的問題，可以進入司法院法學資料檢索系統，瞭解法院的法律見解。例如車禍事件中，可以請求哪些項目的損害賠償，保險費、看護費、交通費等是否也可以主張賠償？

　　該怎麼找到這些法院見解呢？

STEP 1
連上司法院法學資料檢索

網址為
http://law.judicial.gov.tw/

STEP 2
點選「裁判書查詢」

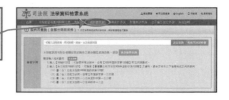

STEP 3
輸入關鍵字查詢

由上而下，依序選擇所要
查詢的法院名稱，裁判
類別，本例為輸入「買
賣」，點選查詢即可。

STEP 4
找到相關判決

點選連結，即可看到判決
內容。

如何尋找訴狀範本

　　許多當事人想要打官司或進行訴訟的一些程序，但因為不
會撰寫訴狀，連最基本的訴狀格式都搞不清楚而猶豫不前。實際
上，司法院提供豐富的資訊讓一般民眾參考。

STEP 1
連結到司法院網站

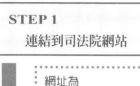

網址為
www.judicial.gov.tw

STEP 2
上方點選「便民服務」

接著點選
「書狀範例」查詢

STEP 3
尋找需要的書狀範例

按自己需要的分類或
審判進度點選查詢。

STEP 4
也可以按照判決書查詢

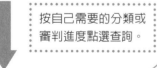

註：可以直接使用與修改司法院所提供的免費範例，但該範例在換行使用的設計上比較不方便，因此也可以參考該範例的格式，自行以WORD軟體編輯設計亦可。

如何使用本書

本書除了概念篇之外，主要是擷取民事訴訟法中，一般民眾最常見、最實用的訴訟程序部分，概要介紹如下：

第一章	存證信函	介紹存證信函的格式，該如何寫才能夠達到不戰而屈人的效果。
第二章	假扣押	脫產，是民事訴訟程序中最讓人擔心的事情，透過假扣押的程序可以快速保障自己的債權，避免最後判決勝訴之後，只得到一張號稱債權憑證的「壁紙」。
第三章	支付命令	支付命令，迅速地解決雙方的爭議，只要對方沒有提出異議，就跟確定判決有相同之效力。
第四章	起訴	萬不得已進入訴訟程序，如何踏出訴訟官司的第一步？有了成功的第一步，才有機會準備迎接勝利的果實。
第五章	上訴	如果下級審法院判決不盡如意，該怎麼辦呢？就只好提起上訴了，透過上訴審法院的審查，希望能找出下級審的錯誤，還給自己一個公道。
第六章	強制執行	取得勝訴判決，還是無法滿足自己的債權就必須進入執行程序，透過法院強制力的介入，以求得自己債權能夠得償。

＊ 基本架構示意圖 ＊

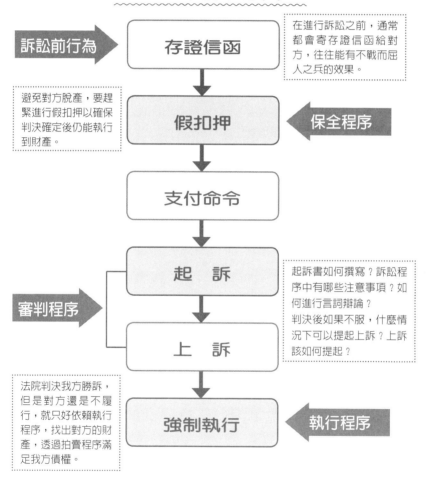

訴訟前行為 ▶ 存證信函 ← 在進行訴訟之前，通常都會寄存證信函給對方，往往能有不戰而屈人之兵的效果。

避免對方脫產，要趕緊進行假扣押以確保判決確定後仍能執行到財產。 → 假扣押 ◀ **保全程序**

支付命令

起　訴 ← 起訴書如何撰寫？訴訟程序中有哪些注意事項？如何進行言詞辯論？判決後如果不服，什麼情況下可以提起上訴？上訴該如何提起？

審判程序 ▶ 上　訴

法院判決我方勝訴，但是對方還是不履行，就只好依賴執行程序，找出對方的財產，透過拍賣程序滿足我方債權。 → 強制執行 ◀ **執行程序**

第一章

存證信函

存證信函不僅是權利行使的方式之一,好的存證信函可以讓你不戰而屈人之兵。

1 認識存證信函

一 什麼是存證信函？

存證信函也是書信的一種，只是這種書信除了當事人與相對人之外，還會留存乙份在第三人處——郵局，透過郵局可以證明當事人曾經在某個時間寄送存證信函給相對人。

許多民眾發生法律糾紛時，第一個想到的就是寫存證信函通知對方，但是馬上遇到的問趕卻是要怎麼寫存證信函。存證信函基本上並沒有特別的格式，可以寫得很白話，也可以寫得很專業，重點應該在於如何清晰地表達自己所要主張的內容，還要避免所說的內容事後成為法庭上對己不利的證據。

本章將教你如何按部就班地撰寫存證信函，以及寫存證信函應該注意什麼事情，才能確保自己的權益！

二 存證信函的意義

(一) 避免口說無憑

存證信函可以證明曾經為意思表示，例如消費者保護法賦予訪問買賣的7天無條件解約的權利，以存證信函解約，就可以確實證明在7天內提出過解約要求。

(二) 壓迫對方的工具

存證信函有如兩軍對戰前先派出特使與敵軍談判，由於開戰在

即，存證信函若寫得好，就能產生壓迫對方的效果，達到不戰而屈人之兵的功效。

㈢ 第三人證明

相對於寄送掛號郵件，己方頂多留存乙紙掛號信的存根聯，但若是寄送存證信函，則會有第三人（郵局）留存存證信函乙份，證明確實曾經為存證信函內容中的意思表示。

存證信函的意義

三個重點
- 避免口說無憑 —— 證明確實曾為意思表示
- 壓迫對方 —— 施加壓力，讓對方盡快面對處理
- 第三人證明 —— 相同內容，郵局有備份

法律小知識：民法與民事訴訟法

法官審判

民法是實體法，民事訴訟法是程序法，民法與民事訴訟法的關係，可以用歌唱比賽來比擬。

歌聲的好壞，決定勝負的結果，民法決定當事人間的實體法律關係；而比賽規則、流程，如何在公平的環境下決定歌聲的好壞，就如同民事訴訟法，讓法官透過公正的程序來判定。

2 存證信函的取得來源

一 直接從郵局購買

(一) 優點

適合不擅使用電腦者，全國各地皆設有郵局，相當方便。

(二) 缺點

萬一寫錯時，必須將錯字處以及更改處記載清楚，在填寫時需要非常注意，較為麻煩。

二 經由網路下載

(一) 優點

符合現代人使用電腦的習慣，且修改方便，填寫時確定沒有錯誤再印出來拿去郵局就可以寄出了。

(二) 下載網址

搜尋關鍵字「郵局」、「存證信函」或進入中華郵政全球資訊網：

www.post.gov.tw

(三) 四步驟取得存證信函

詳細操作方式如右頁之步驟圖。

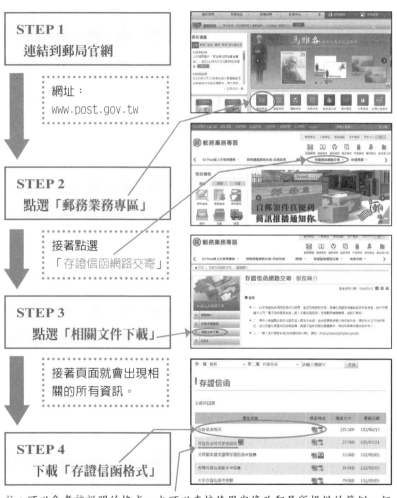

STEP 1
連結到郵局官網

網址：
www.post.gov.tw

STEP 2
點選「郵務業務專區」

接著點選
「存證信函網路交寄」

STEP 3
點選「相關文件下載」

接著頁面就會出現相關的所有資訊。

STEP 4
下載「存證信函格式」

註：可以參考該說明的格式，也可以直接使用與修改郵局所提供的範例，但請注意格式基本上是不能更動的。

3 存證信函的基本架構

▅ 存證信函的主要格式

(一) 寄件人、收件人

請參考下列格式填寫（填寫特色部分即可）：

一、寄件人
　　姓名：王大年
　　詳細地址：新北市新店區 236 三民路 100 號
二、收件人
　　姓名：陳小華
　　詳細地址：新北市板橋區 220 金華街200號
三、副本收件人
　　姓名：
　　詳細地址：
（本欄姓名、地址不敷填寫時，請另紙聯記）

如有副本收件者，可填寫之；若無，則保持空白即可。例如對方有多名當事人，則可以填寫在副本收件人欄。如果不夠寫的話，可以另紙聯記。

(二) 存證信函的內容

以下提供乙種範本，此種寫法分成「主旨」、「說明」兩大部分，類似於「函」的寫法，目前格式均採橫式書寫，以配合政府機關公文書的修正方向：

存證信函的格式

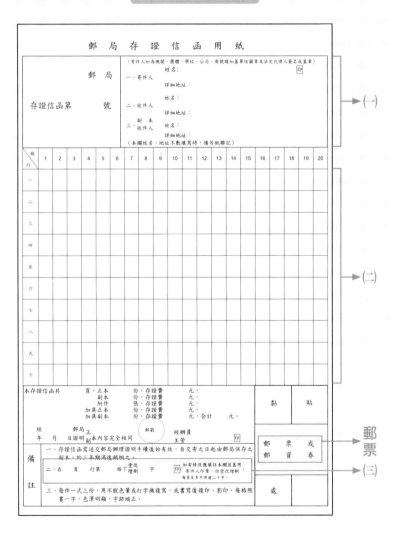

主旨：

請<u>台端</u>確實履行貴我雙方簽訂之和解契約，否則本人定當依法追究台端之法律責任，絕不寬待。

說明：

一、台端於○○年○○月○○日因酒醉駕車撞傷本人，雙方因而簽立和解契約，約定由台端給付新臺幣<u>300</u>萬元作陪償。未料，給付期間屆至時，居然拒不付款，多次催告仍相應不理。

二、為免雙方日後法庭相見，有傷和氣，藉此存證信函以為告知，希台端於收到存證信函<u>5日</u>內儘速出面處理，否則本人定當依法追究台端之<u>法律責任</u>，絕不寬待。

主旨部分主要是將你的訴求簡短說明出來，本案例是要求對造履行和解約約書。

「台端」是尊稱對方的用詞。

說明部分則是以文字方式清楚地描述事實和理由。

政府機關公文書有關數字的部分，多已改採阿拉伯數字的形態，因此300萬或是下段的5日，都以阿拉伯數字呈現。當然如果以國字「三百萬」、「五日」書寫，也不會有任何影響。

存證信面送達後，通常會給予對方一定的合理期間履行義務，也可以作為未來的利息計算起始日。

本案是酒醉駕車撞傷人的案例，涉及刑事過失致傷及民法侵權行為損害賠償等兩種責任。

(三) 塗改、增刪

　　無論是電子檔案或手寫的存證信函，難免都會發生塗改、增刪的情況，必須注意下列幾點：

塗改、增刪紀錄

二、在　　頁　　行第　　格下 塗改增刪　　字 印（如有修改應填註本欄並蓋用寄件人印章，但塗改增刪每頁至多不得逾二十字。）

● 如有塗改、增刪的部分，必須在上列欄位中明確寫出第幾頁、第幾行、第幾個字。

● 修改處必須加蓋寄件人印章。

● 每頁刪改不得超過20字。所以，如果錯字過多，最好採用電腦版本，待修改至滿意時再行列印；如果不是電腦版本的格式，可以先擬好草稿，詳細檢閱後再謄至存證信函上。

　　從中華郵政全球資訊網（http://www.post.gov.tw）下載的存證信函空白表格，使用上不太容易對齊格子，有時候輸入的字會跑出格子之外，尤其是英文，造成許多困擾。但是一般使用者並不需要購買特殊軟體或自行設計，只需要稍微調整一下，仍然可以使用，具有相當的便利性。

4 撰寫時的四大原則

　　存證信函可能達到不戰而屈人之兵的功效，所以如何寫好存證信函也是很重要的議題。

　　本文認為可參考鄭成功的「與荷蘭守將書」中的「動之以情」、「諭之以理」、「誘之以利」、「威之以武」作為撰寫存證信函的四大原則。

■ 認識四大原則

① **動之以情**
以情感打動對方的內心，文章有寫到：
蓋為貴國人民之性命，不忍陷之瘡痍爾（為了保護貴國人民的性命，所以希望能以和平的方式解決）

② **喻之以理**
以道理說服對方，文章寫到：臺灣者，中國之土地也，久為貴國所踞。今余既來索，則地當歸我。（臺灣本來就是中國的土地，本來就應該歸還給我）

③ **誘之以利**
以利益誘使對方配合，文章中有寫到：
珍瑤不急之物，悉聽而歸（如果你願意投降，貴重之物可以讓你帶走）

④ **威之以武**
以威武逼迫對方就範，文章中有寫到：
若執事不聽，可樹紅旗請戰，余亦立馬以觀（你若不聽我勸，那兩軍就開戰吧！）

撰寫範例

學會了基本原則，讓我們來嘗試寫一篇存證信函吧！

模擬試題：如何向別人要回欠款

敬啟者：

本人因與台端有多年兄弟情誼，民國（下同）110年1月1日不忍見台端全家老小因經商失敗而餐風露宿街頭，遂同意借款新臺幣（下同）20萬元周轉應急。

> ①動之以情
> 先喚醒對方回憶起雙方多年的友誼，屬於柔性訴求，強化己方慈悲心的描述，表示為了不讓其餐風露宿街頭，所以商借20萬元周轉應急。

今借款期限已逾3月有餘，卻遲遲不見台端償還本債務，亦未曾對該債務有所說明，按欠債還錢乃天經地義之事，且即使台端確實資金周轉有所困難，暫時無法償還，亦應以負責態度出面說明，焉有拒不出面之理。

> ②喻之以理
> 教育對方欠債還錢是天經地義，人難免都會遇到困境，如果真的無法償還，也應該積極出面處理，而不是四處躲藏，讓對方站不住腳。

本人卻因近來逢多事之秋，急需該筆現金應急，希台端念及多年情誼，優先處理本人債務，若能在110年6月30日前償還債務，本人願將原定 16%之利息降至6%，以減輕台端之負擔。

> ③誘之以利
> 如果對方願意還款，則願意降低利息，並訂定期限，超過期限後即無此一優惠。

若台端遲遲不願有所正面回應，顯無視我倆多年情誼，本人自當依法辦理，傾全力以各種方式要回相關借款，希台端認真面封，切莫自誤。

> ④威之以武
> 如果真的遲遲不還錢，雙方自然只好撕破臉，一切情誼付諸流水，等著對簿公堂。

5 寄送與調閱

一 如何寄送存證信函？

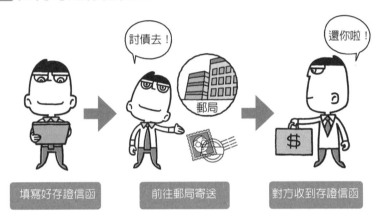

討債去！	還你啦！

郵局

填寫好存證信函	前往郵局寄送	對方收到存證信函

二 存證信函如何計費？

存證信函的收費公式		
收費方式	首頁：50元	每多1頁：加30元
例：如果寫了3頁	首頁：50元	加2頁：60元 一共110元

三 存證信函網路交寄

　　以往存證信函須由民眾自行繕具，並至各地郵局交寄，為簡化存證信函傳統紙本交寄流程，客戶可透過郵局「電子函件服務系統」線上交寄存證信函，免到郵局等候辦理，省時又便利。

　　寄件人將編製完妥的存證信函上傳至該系統，由系統轉換成電子格式函件後傳送至郵局列封單位，並以自動化高速列印封裝設備，將電子函件印製成實體郵件，再由投遞單位遞送給收件人。

四 如何向郵局調閱存證信函

　　人難免都會發生糊塗事，存證信函發出後有可能發生遺失、遭竊，甚至被祝融焚毀的情況，如果這份存證信函相當重要，有機會可以補救嗎？

　　郵局有保留存證信函副本乙份，自交寄日起，保存期限是3年。因此，在保存期間內，寄件人得持原憑證向原交寄郵局申請查閱，如果自己保留的副本還在，也可以依據副本申請證明。

　　如果憑證也發生遺失或喪失的情形，還是可以依據本人的身分證明來辦理。收件人如果要查閱的話，可以提供掛號號碼及身分證明申請之。

　　申請時，應按申請時現行存證費半數交付證明費，向原寄郵局提出申請。

存證信函遺失或銷毀，記得去原寄郵局申請喔！

6 其他範例

　　存證信函的寫法並不困難，以下提出幾種常見案例需要書寫的內容，供讀者參考之用：

■ 催告給付欠繳之租金，並預告終止租約

　　　　台端（承租人）向本人（出租人）簽約承租○○縣○○市○○路○○號○○樓之房屋，租期自民國（下同）○○年○○月○○日至○○年○○月○○日，共計○○年，每月租金爲新臺幣○○元。

　　　　詎料，台端於○○年○○月○○日起即未給付租金，依據雙方簽訂契約內容所載，本人特以本函催告台端於收到本信函後1個月內付清租金，屆期如仍未清償，本人將終止租約。

註：哪裡可以查到更多與租賃有關的存證信函？崔媽媽基金會：http://tmm.org.tw

● 第一段將租約中的房屋地址、租約期間、租金等資料寫清楚，先釐清雙方的法律關係。

● 第二段寫清楚對方何時開始違約，並要求對方於一定期限內給付租金，否則將產生終止租約的法律效果。

通訊交易於7日內為解約之通知

　　敬啓者：本人於民國（下同）○○年○○月○○日向貴公司網路下單○○商品乙件，並於○○年○○月○○日收到該件商品。惟因商品功能不符合本人之需求，故依據消費者保護法特種買賣之規定，於收受商品7日內，以本函向貴公司解除買賣契約。請貴公司惠爲退貨事項之辦理，實感德便。

●本寫法的開頭是「敬啓者」，簡單明確，與「台端」都是一種稱呼對方的方式。

●消費者保護法的特種買賣規定，包括「通訊交易」及「訪問交易」，得於收受商品或接受服務後7日內，無條件退貨或解約，且無須說明理由及負擔任何費用。

●本案牽涉到收受商品7日內才可以辦理退貨，因此必須明確表明收到商品的日期。

目 要求前夫限期給付子女扶養費用

> 主旨：請台端依據離婚協議書給付孩子○○○之扶養費用。
>
> 說明：
>
> 一、貴我雙方因個性不合，於民國（下同）○○年○○月○○
> 　　日離婚，並簽訂協議書乙紙。協議書中約定台端每月應
> 　　給付新臺幣○○○元，作爲孩子○○○之生活費，台端
> 　　自當依約履行，合先敘明。
>
> 二、詎料台端自○○年○○月○○日起即未依約付款，造成
> 　　小孩子生活扶養之重大影響，敬請台端於○○年○○月
> 　　○○日前給付相關扶養費用，若逾期仍不爲給付，本人
> 　　必當依法提出訴訟，以維自身權益。

●本範例分成主旨、說明兩種寫法。

●本文大多使用「台端」作爲稱呼對方的代名詞。

●說明「一」中，先寫清楚雙方曾簽訂離婚協議書，並約定子女扶養
　費用。

●說明「二」中，寫明對方遲延給付的情形，並下最後通牒要求對方
　在一定期間內給付。

三 警告對方勿任意誹謗

敬啓者：

一、台端與本人原爲男女朋友，於民國（下同）○○年○○月
　　○○日因個性不合，本人要求協議分手，詎料台端竟因此
　　心生不滿，而爲下列不法行爲：

　（一）四處散布與本人有關之不實謠言。

　（二）冒用本人名義，寄送色情圖片予本人之視友、同事，導致
　　　　本人遭受他人之質疑與異樣眼光。

　（三）冒用本人名義，惡意刊登援交資訊，將本人手機0915-
　　　　○○○○○○留在網路上，導致本人日夜收到不明人士之
　　　　騷擾。

二、綜上所述，台端業已觸犯誹謗罪及僞造文書罪，且已侵害
　　本人民事上所享有之權利。經蒐證後，已掌握多項關鍵事
　　證，本欲向法院提出告訴，爲念及過去多年之感情，且台
　　端應屬一時氣憤之不理性行爲，希台端立即停止侵害本人
　　之一切違法行爲，並公開致歉，否則依法究責，決不寬貸。

● 說明雙方已經協議分手，但是對方竟然心生不滿而做出了下列三種
　 不法行爲。

● 說明對方已經觸犯誹謗罪及僞造文書罪，且已掌握多項證據，希望
　 對方立即停止不法行爲，並公開致歉，否則依法追訴。

第二章

假扣押

假扣押最主要的目的是可以防止對方脫產,避免打贏官司卻拿不到錢,因此有意打官司者,如何聲請假扣押一定要學。

1 認識假扣押

一 案例簡述 ── 什麼時候會用到假扣押？

案例一：南迴搞軌案

引發國內媒體不斷採訪的「南迴搞軌案」實際上最大受害者是臺灣鐵路局。經初步估算，包括鐵軌、車廂、人員受傷、行政支出等費用，高達近5,000萬元。

95年6月間，在專案小組鍥而不捨地追查下，矛頭指向李泰安兄弟。姑且不論責任歸屬，當時臺鐵在本案尚未由檢察官起訴，也還未經由法院宣判確定其罪刑之前，為保障臺鐵之權利，在民事部分，避免事後無法追償高額之損害賠償金額，故向法院聲請假扣押。

案例二：柯姓女藝人離婚案

柯姓女藝人前夫因與餐廳員工搞曖昧後，法院判決離婚，離婚官司進行中，柯女透過律師發出聲明表示：「前夫自3年前即停止支付子女扶養費，並在一審期間將房屋設定高額抵押給其母親，疑有脫產之嫌。」

假扣押的意義

到底什麼情況才需要假扣押呢？簡單來說，債權人對於債務人有金錢或得易為金錢方面的請求，為了保全強制執行，以保護債權人的利益，可以向法院聲請假扣押。（民訴§522）

因此，「南迴搞軌案」中，臺鐵向法院聲請假扣押，就是為了避免日後損害賠償的訴訟勝訴後涉嫌人卻沒有財產可供執行，故預先將財產進行暫時性的扣押，以避免在訴訟的過程中涉嫌人將財產脫產的情況。

柯姓女藝人離婚案，前夫將房屋設定高額抵押給其母親，即便查封該房地產，最後可能並無實益，疑有脫產之嫌，其前夫所為有一種「就算我輸，也不能讓你獲得一分一毫的概念」。

本文將教你如何順利地完成複雜的假扣押程序，對於單純的訴訟案件，自己辦理可以省下不小的費用，絕對划得來喔！。

三 假扣押的功能

① 避免脫產

債務人怕敗訴後財產會遭到強制執行，所以會先想辦法脫產，讓債權人空有執行名義，卻無法執行到債務人的財產。透過假扣押程序，可以防止脫產情況發生。

② 提高償還意願

由於假扣押將導致債務人財產運用的極度不便，有時候還會造成債務人名譽的傷害，例如扣押債務人的薪資必定會讓債務人所任職公司的同事知悉，而對其指指點點。因此，透過假扣押的程式，可以促其儘速還債。

四 假扣押五大步驟

假扣押聲請的程序共分成「假扣押聲請」、「法院裁定」、「查詢財產」、「辦理提存」、「假扣押執行」五個步驟。

每個步驟都稍具複雜性，如果不是專門從事這方面的律師或法務人員，往往許多細節都會搞得頭昏腦脹。

因此希望透過本文的介紹，讓一般遇到簡單的案件時，民眾也可以step by step地自行辦理假扣押的聲請。

假扣押五大步驟

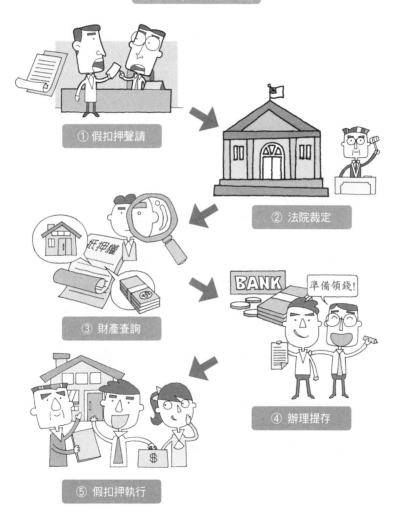

① 假扣押聲請

② 法院裁定

③ 財產查詢

BANK
準備領錢!

④ 辦理提存

⑤ 假扣押執行

2 假扣押聲請

假扣押聲請，是指向法院聲請對債務人的財產進行假扣押，希望法院能允許的訴訟程序。假扣押的聲請因為影響到債務人的財產權，因此必須要有一定的事實與證據，法院才會允許。目前實務上法院多會要求提供一定的擔保金額，原則上是請求假扣押聲請金額的三分之一，才會允許之。

一 假扣押聲請狀的格式

(一) 主旨

1. 假扣押時，法院通常會命供擔保而為假扣押，所以必須要提供擔保，並要說明提出擔保物品之內容，例如現金或定存單提供擔保之目的，是為了擔保債務人因假扣押可能遭受之損害。
2. 聲請假扣押財產的範圍，例如 50 萬、1000 萬。
3. 程序費用要求對方負擔。

(二) 釋明

1. 原則上，假扣押非有日後不能強制執行或甚難執行之虞者，不能為之，故聲請假扣押要釋明請求及假扣押的原因。
2. 釋明假扣押的原因事實，本例是當事人因為發生車禍衍生的損害賠償。
3. 釋明假扣押的必要性，主要載明相對人有意隱匿財產的狀況，並陳明釋明如有不足（無法使法官產生大致之心證），願供擔保為假扣押。
4. 有證據者，應於聲請狀中的「證物名稱及件數」中註明。

假扣押聲請狀的格式

民事假扣押聲請狀

案號：○○

股別：○○

訴訟標的金額或價額：○○

聲請人：○○○　住居所：○○○○○○

相對人：○○○　住居所：○○○○○○

為聲請假扣押事：

一、聲請人○○○願以現金或○○銀行○○分行無記名可轉讓定存單為擔保，請求裁定就相對人所有財產於新臺幣○○○元之範圍內予以假扣押。

二、聲請程序費用由相對人負擔。

事實及理由：

一、相對人於民國（下同）○○年○○月○○日下午○○時○○分，駕駛車牌號碼○○○○之機車，沿臺北市和平東路三段向東行駛，途經和平東路、敦化南路交叉口時，竟超速闖越紅燈，適逢聲請人之子○○○（證一）駕駛車牌號碼○○○○之機車，沿敦化北路向北行駛，遭相對人自左側撞擊，當場死亡，有死亡證明書（證二）及道路交通事故現場圖可稽。

二、相對人自肇事後即避不出面，對於聲請人等之詢問亦相應不理，顯有逃避應負責任之嫌，至為灼然。

三、近聞相對人已將部分財產搬移隱匿有○○○可證，致日後

（續下頁）

（承前頁）

有不能強制執行或甚難執行之虞。聲請人為保全強制執
行，願提供擔保以代釋明，依民事訴訟法第522條規定，
聲請　鈞院裁定如請求事項所示。

謹狀

臺灣○○地方法院　民事庭　公鑒

證物名稱及件數：

證一：戶籍謄本乙份。

證二：死亡證明書影本乙份。

　　　　　　　　　　　　　具狀人：○○○　印

　　　　　　　　　　　　　撰狀人：○○○　印

中　華　民　國　○○　年　○○　月　○○　日

假扣押內容比較深，
但熟悉之後對整個流
程會很有幫助。

參考法條

【民事訴訟法第522條第1項】

I 債權人就金錢請求或得易爲金錢請求之請求，欲保全強制執行者，得聲請假扣押。

【民事訴訟法第523條】

I 假扣押，非有日後不能強制執行或甚難執行之虞者，不得爲之。

II 應在外國爲強制執行者，視爲有日後甚難執行之虞。

【民事訴訟法第525條】

I 假扣押之聲請，應表明下列各款事項：

　一、當事人及法定代理人。

　二、請求及其原因事實。

　三、假扣押之原因。

　四、法院。

II 請求非關於一定金額者，應記載其價額。

III 依假扣押之標的所在地定法院管轄者，應記載假扣押之標的及其所在地。

【民事訴訟法第526條】

I 請求及假扣押之原因，應釋明之。

II 前項釋明如有不足，而債權人陳明願供擔保或法院認爲適當者，法院得定相當之擔保，命供擔保後爲假扣押。

III 請求及假扣押之原因雖經釋明，法院亦得命債權人供擔保後爲假扣押。

IV 夫或妻基於剩餘財產差額分配請求權聲請假扣押者，前項法院所命供擔保之金額不得高於請求金額之十分之一。

該向哪個法院遞狀？

有兩種選擇，第一種是本案管轄法院，第二種是假扣押標的所在地之地方法院。

(一) 本案管轄法院

如果你已經起訴了，則依據目前訴訟進行的程度。如果進行到第一審，假設目前是在臺北地方法院打官司，假扣押就向臺北地方法院聲請；如果是第二審，是臺灣高等法院，則向臺灣高等法院聲請假扣押。

(二) 假扣押標的所在地之地方法院

例如，管轄法院雖然是在臺北地方法院，可是被告的土地在臺中，為了爭取時效，可以向臺中地方法院聲請假扣押，但如假扣押的標的是債權，則以債務人之住所地為假扣押標的所在地。

參考法條

【民事訴訟法第524條】

I 假扣押之聲請，由本案管轄法院或假扣押標的所在地之地方法院管轄。

II 本案管轄法院，為訴訟已繫屬或應繫屬之第一審法院。但訴訟現繫屬於第二審者，得以第二審法院為本案管轄法院。

III 假扣押之標的如係債權或須經登記之財產權，以債務人住所或擔保之標的所在地或登記地，為假扣押標的所在地。

如何向法院遞狀？

寫完上述書狀後，就可以拿到法院遞狀。如果你沒有遞狀的經驗，千萬別擔心，目前法院的服務都不錯，有服務台可以詢問，也有「訴訟輔導」服務，提供初步的訴訟諮詢。

現金流量的考量

聲請人要考量自身的「現金流量」，因為若假扣押200萬元，就必須提出大約66萬元的擔保，將有很長時間無法運用這本資金，可能會有周轉的困難，所以也可以要求一部分，例如只主張假扣押60萬元，那就只需要提出20萬元的擔保。

如果只要求假扣押一部分，會不會影響日後請求賠償的金額呢？例如車禍事件，要求對方賠償600萬元，但因為只拿得出假扣押的擔保金100萬元，所以只主張假扣押300萬元，這樣的主張並不會影響600萬元的請求金額。換言之，日後仍得請求600萬元的損害賠償，只是其中的300萬元並無法獲得假扣押的保障。

計算方式

要求賠償金額

假扣押金額

假扣押保障
要求賠償金額：600萬
假扣押的金額：300萬
判決賠償金額：600萬
———
則假扣押之300萬將獲得保障，但另外的300萬無法獲得保障。

五 擔保金有沒有利息？

提供一大筆錢作為擔保，可不可以領利息呢？

當然還是可以，只是如果提出的錢是現金，則利息就是一般活存的利息，非常低。建議可以使用「定存單」擔保，還是可以領定存的利息，如果假扣押的時間高達2年，以擔保金100萬來算，年息1%與年息0.5%的利息，相差的金額如下：

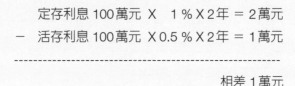

定存利息 100萬元 X　1％X 2年 ＝ 2萬元

－　活存利息 100萬元 X 0.5％X 2年 ＝ 1萬元

相差 1萬元

所以，若是能注意到這個細節，一開始寫聲請書時，就不要只寫「聲請人○○○願以現金為擔保」，否則法院核准裁定下來後，就只能使用現金擔保為唯一選擇了。

建議改以「聲請人○○○願以現金或○○銀行○○分行無記名可轉讓定存單為擔保」。當法院核准後就可以選擇「現金」或「定存單」為擔保了。

3 法院裁定

一 基本概念

接下來的程序就是等待法院的裁定。法院大約可在1個禮拜內寄送假扣押裁定給聲請人。

裁定的結果，法院若准許假扣押時，會要求提供相當的擔保。擔保的金額通常是假扣押金額的1/3，例如100萬元，擔保金大約是33萬元；若是1000萬元，那就是333萬元了。

但如果債權人的請求是夫或妻基於剩餘財產差額分配請求權聲請假扣押者，供擔保金額不得高於請求金額的1/10。例如請求100萬元的扶養費，供擔保金額不會高於10萬元。

參考法條

【民事訴訟法第526條第4項】

IV 夫或妻基於剩餘財產差額分配請求權聲請假扣押者，前項法院所命供擔保之金額不得高於請求金額之十分之一。

二 法院裁定假扣押

若是法院同意假扣押，則這一紙裁定就很重要了，因為必須依據此一裁定才能繼續進行下列程序，如果法院不同意則就無法執行假扣押。

計算方式

STEP 1
前往法院遞狀

假扣押聲請狀

STEP 2
等待假扣押裁定

大約需要1週的時間

STEP 3
法院准許假扣押

準備查詢財產及辦理
提存1/3的擔保金

STEP 4
降低擔保金的條件

符合民事訴訟法第
526條第4項的要求

財產分配差額

4 查詢財產

法院為假扣押裁定後，聲請人即可依據假扣押裁定向國稅局繳納費用，調閱「綜合所得稅各類所得資料清單」、「財產歸屬資料清單」即可查詢債務人之財產，例如薪資帳戶、利息帳戶、不動產資料等都可清查。

▊一 先查相對人的戶籍資料

查詢財產須填寫相對人的姓名及身分證字號，如果不知道身分證字號的話那該怎麼辦呢？

很簡單，拿著法院的假扣押裁定至戶政機關申請相對人的戶籍謄本，就可以知道囉！可是如果只有相對人的姓名，又是「菜市場名字」，同名同姓的人一大堆，也可能戶籍沒有遷入目前的住址，恐怕就較難聲請到戶籍謄本。所以，平時簽訂相關契約或其他法律文件時，都應該儘量取得對方的身分證字號等個人基本資料。

▊二 注意時間差的問題

比較需要注意的部分是因為隔年5月才報稅，所以調閱的資料通常是去年或前年的資料，例如民國110年1月調閱的資料，將是108年的資料，如果是110年底調閱資料，則因為已經報完稅，可以調到去年109年的資料。

因此，即使調到資料後，發現相對
人利息帳戶有高額利息也不要高興得太
早，因為時間差個1、2年，可能這個利
息帳戶中的錢都領光光了。所以高高興
興地繳了擔保金，卻有可能扣到一個空
的帳戶。

三 私下查資料，小心觸法

過去比較不重視個人資料隱私的年代，有人會透過「關係」花錢
查詢帳戶餘額再決定是否要假扣押，但目前銀行個人資料保護較為嚴
密，這種地下查詢的行業將逐漸消失。

若真的還有這種地下管道可以查詢到債務人的財務狀況，也不應
透過此種管道調查，以免有觸法之虞。

四 注意30天的期限

債權人自收受經法院之假扣押裁定後，超過 30 日時就不能聲請執行。因此，查詢資料也當然要在30天的期限內完成，否則也不能向國稅局查相對人的財產資料。

參考法條

【強制執行法第132條】

Ⅰ 假扣押或假處分之執行，應於假扣押或假處分之裁定送達同時或送達前為之。

Ⅱ 前項送達前之執行，於執行後不能送達，債權人又未聲請公示送達者，應撤銷其執行。其公示送達之聲請被駁回確定者亦同。

Ⅲ 債權人收受假扣押或假處分裁定後已逾30日者，不得聲請執行。

五 房屋、土地要調謄本

如果查到財產資料中有土地或房屋，就要立刻去調閱資料，以瞭解這些不動產是否還屬於債務人所有。此外，還要看看有沒有設定抵押或其他權利，才能決定是否有必要進行假扣押。並不是所有的不動產都有假扣押的必要，例如土地有的是道路用地，這種土地基本上並沒有什麼假扣押的價值。

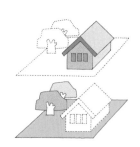

5 辦理提存

一 辦理提存

聲請人須依假扣押裁定內容辦理提存，如法院要求提供擔保金33萬，就必須將33萬的現金或定存單等擔保品提交法院提存所。

提存程序應與最後一項程序「假扣押執行」同時進行。換言之，除了必須填寫「提存書」，還應同時將「假扣押強制執行聲請狀」填寫完畢一同帶到法院辦理相關程序。

前文有提到「假扣押聲請狀」，現在又提到一個「假扣押強制執行聲請狀」，兩者有何不同，為何要聲請兩次？

表列說明如下：

假扣押聲請狀與假扣押強制執行聲請狀	
假扣押聲請狀	聲請法院准許假扣押與否。
假扣押強制執行聲請狀	法院業已准許假扣押，已經找到債務人可扣押的財產資料，實際去執行扣押的行為。

提存書的格式（範例）如右頁：（參考法條：提存法施行細則第20條，可蒐尋本細則即可下載此提存書）。

提存書的格式

提　　存　　書				年度存字 第　　　　號		
提存物受取權人姓名或名稱及國民身分證號碼或統一編號		住居所或公務所、事務所、營業所及電話號碼		不知受取權人者其事由		
提存原因及事實						
提存物為金錢者，其金額；為有價證券者，其種類、標記、號數、張數、面額；為其他動產者，其物品之名稱、種類、品質及數量						
清償提存─對待給付之標的及其他受取提存物所附之要件						
擔保提存─命供擔保法院名稱及案號						
證明文件						
提存所名稱 臺灣　　地方法院提存所			聲請提存日期	中華民國　　年　　月　　日		
提存人姓名或名稱及國民身分證號碼或統一編號	（簽名或蓋章）		住居所或公務所、事務所、營業所		電話號碼	
提存人代理人姓名或名稱及國民身分證號碼或統一編號	（簽名或蓋章）		住居所或公務所、事務所、營業所		電話號碼	
提存物保管機構名稱及地址			保管機構收受日期	中華民國　年　月　日	保管機構收受證明	
提存所處理結果						
中　華　民　國　　　　　年　　　　　月　　　　　日						

臺灣　　　　地方法院提存所

主　任

提存須知

① 聲請提存須備「提存書」1式2份，依式逐項填明（請複寫或打字，以免不符），並簽名或蓋章。（所填提存人姓名住址，須與國民身分證相符）。

② 清償提存須附具提存通知書1式2份，提存物受取權人每增1人，應增1份。

③ 擔保提存，須檢附法院裁判書正本或影本1份。

④ 前述各項辦妥後，聲請人應填具提存費繳款書1式6份，逕向該管法院所在地代理國庫之銀行繳納提存費。清償提存費，其提存金額或價額在新臺幣1萬元以下者，徵收100元；逾1萬至10萬元者，徵收500元；逾10萬元者，徵收1000元。但執行法院依強制執行法、管理人依破產法或消費者債務清理條例規定辦理提存者，免徵提存費。擔保提存費，每件徵收新臺幣500元。

⑤ 提存現金者，應由提存人填具國庫存款收款書1式6聯後，將提存物連同提存書及前項繳款書等一併提交當地代理國庫之銀行，並索取提存物收取收據存執。

⑥ 提存有價證券者，應由提存人填具國庫保管品聲請書1份後，將提存物連同提存書及第4項之繳款書一併提交當地代理國庫之銀行，並索取提存物收取收據存執。

⑦ 提存其他動產者，提存人應將提存書報請法院提存所指定提存物保管處所，同時繳納提存費，俟提存所指定保管處所並將提存書交還後，再向指定之處所提交提存書類及提存物並取據存執。

⑧代理國庫之銀行或指定之提存物保管處所收取提存書，不另
　給收據。

⑨提存物須預繳保管費者，由提存人逕向保管機構繳納，取據
　存執。

⑩聲請人提交提存物後5日內，未獲法院提存所通知時，得向
　該管提存所查詢原因。

⑪提存物保管機構收清提存物後，應即將提存書連同應交該管
　法院之聯單，一併交該法院提存所。

二 聲請返還提存物的原因

依據假扣押所為之擔保提存，如果有下列情形之一者，即可
聲請返還提存物：

（參考民事訴訟法第104條、提存法第18條）

編號	聲請返還的類型	條號
①	假執行之本案判決已全部勝訴確定。	提存法第18條第1項第1款
②	因免為假執行而預供擔保或將請求標的物提存，其假執行之宣告全部失其效力。	提存法第18條第1項第2款
③	假扣押、假處分、假執行經裁判後未聲請執行，或於執行程序實施前撤回執行之聲請。	提存法第18條第1項第3款

（續下頁）

（承前頁）

編號	聲請返還的類型	條號
④	因免為假扣押、假處分、假執行預供擔保，而有前款（編號③）情形。	提存法第18條第1項第4款
⑤	假扣押、假處分所保全之請求，其本案訴訟已獲全部勝訴判決確定；其請求取得與確定判決有同效力者，亦同。	提存法第18條第1項第5款
⑥	假執行、假扣押或假處分所保全之請求，其本案訴訟經和解或調解成立，受擔保利益人負部分給付義務而對提存物之權利聲明不予保留。	提存法第18條第1項第6款
⑦	依法令提供擔保停止強制執行，其本案訴訟已獲全部勝訴判決確定。	提存法第18條第1項第7款
⑧	受擔保利益人於法官或提存所主任前表明同意返還，經記明筆錄。	提存法第18條第1項第8款
⑨	提存出於錯誤或依其他法律之規定，經法院裁定返還確定。	提存法第18條第1項第9款
⑩	應供擔保之原因消滅者。	民事訴訟法第104條第1項第1款
⑪	供擔保人證明受擔保利益人同意返還者。	民事訴訟法第104條第1項第2款
⑫	訴訟終結後，供擔保人證明已定 20 日以上之期間，催告受擔保利益人行使權利而不行使，或法院依供擔保人之聲請，通知受擔保利益人於一定期間內行使權利並向法院為行使權利之證明而未證明者。	民事訴訟法第104條第1項第3款

注意事項

1. 應直接向<u>法院提存所</u>聲請返還提存物，如向法院聲請會遭駁回。

2. 民事訴訟法第104條第1項第1款規定之「應供擔保之原因消滅者」，通常是指債權人本案判決全部勝訴或待無損害發生，或就債務人所生之損害已經賠償時，始得謂供擔保之原因消滅。

3. 聲請返還擔保物中，最容易的方式就是對方同意返還擔保物（第⑧、⑪點）。只要受擔保利益人願意出具同意書，並檢附印鑑證明，即可向法院聲請返還擔保物，當然該印鑑證明僅係證明同意書之印鑑確係受擔保利益人所親蓋而已，如有其他方式讓法院確定受擔保利益人同意返還擔保物之事實，例如在法院的和解筆錄中載明此點為和解條件，也不一定要申請印鑑證明。

4. 催告受擔保利益人行使權利：前面⑫點中，必須催告對方行使權利，如果對方認為因為假扣押而受有損害就應該提出訴訟，如果在所定的20日以上的期間內未行使權利就可以請求返還提存物。至於應如何催告，雖然沒有一定之格式，但比較常見的是以前述存證信函方式進行催告。另外，供擔保人也可以聲請法院通知受擔保利益人於一定時間內行使權利，並向法院為行使權利之證明，如受擔保利益人未提出證明，也可以請求返還擔保物。

以下是催告的參考寫法（格式請參考第一章中存證信函的相關介紹）：

> 敬啟者：貴我雙方間○○事件，業經○○法院判決確定在案（○○年度○○字第○○號判決）。爰依民事訴訟法第104條第1項第3款規定，催告台端於函到20日內行使權利，逾期未行使權利，本人即依法取回○○法院○○年度○○字第○○號提存事件之提存物。

三 如何向法院聲請返還提存物

若經催告對方行使權利，未在所定期間內行使權利即可向法院聲請返還提存物，右頁是撰寫「返還提存物聲請狀」的範本：

(1)寫下請求返還提存物之聲明。
(2)寫下聲請返還提存物之理由。
(3)提出相關證物之清單。

可以聲請返還提存物喔！

民事 聲請返還提存物 狀

案號：○○
股別：○○
訴訟標的金額或價額：○○
聲請人：○○○　　住居所：○○○○○○
相對人：○○○　　住居所：○○○○○○
聲請返還提存物事：

聲請之聲明

一、聲請人於○○法院○○年度○○字第○○號提存事件之提存物，請准予返還。

二、程序費用由相對人負擔。

聲請之理由

一、聲請人前因○○事件而辦理提存（證一），該訴訟事件業已由○○法院判決確定在案（○○年度○○字第○○號判決，證二），且聲請人亦已依法催告相對人行使權利（證三），惟相對人於所定期間內未行使權利。

二、爰依法懇請　鈞院賜准返還，實感德便。

謹　狀

臺灣○○地方法院 民事庭 公鑒

證物名稱及件數：

證一：提存書影本乙份。

證二：判決書影本乙份。

證三：存證信函及回執影本乙份。

具狀人：○○○ 印

撰狀人：○○○ 印

中　華　民　國　○○　年　○○　月　○○　日

四 取回提存物聲請書

　　若符合前述取回提存物的原因事實，就可以聲請取回提存物，右頁是取回提存物聲請書的範例（提存法施行細則§27），各法院均有提供空白格式：

請求領取提存物須知

1. 聲請領取提存物須備取回提存物聲請書一式2份（2張），依式填寫，連同有取回提存物權利的證明文件提出於原受理提存的提存所。

2. 請求人接到法院提存所准許領取通知，即可攜帶國民身分證及印章向該法院出納室領取國庫存款收款書代存單，或保管品寄存證，持向當地代理國庫的銀行或指定的提存物保管處所領取。

3. 領取人得將國庫存款收款書代存單請求代庫銀行將應領款項，轉存於其設於銀行帳戶。

4. 提存物保管機構請求交付保管費用者，領取人應於領取時付清以免提存物的全部或一部爲其留置。

5. 領取提存物請求書一份存提存所附卷，一份交請求人以代通知。

取回提存物聲請書

取回提存物聲請書		年度取字 第 號			
聲　　請　　人 姓　名　或　名　稱	簽名或蓋章	國民身分證號碼或 統　一　編　號	住居所或公務所、 事務所、營業所		電　話 號　碼
代　　理　　人 姓　名　或　名　稱	簽名或蓋章	國民身分證號碼或 統　一　編　號	住居所或公務所、 事務所、營業所		電　話 號　碼
取回提存物 之原因事實	□本案訴訟已獲全部勝訴判決確定。 □本案訴訟業經和（調）解成立，受擔保利益人應負全部給付義務。 □鈞院准予返還提存物裁定已確定。 □鈞院准予變換提存物裁定已確定。 □本案督促程序所發之支付命令已確定。 □本案於執行程序言詞施前已聲請撤回執行。 □受擔保利益人（或受取權人）已同意返還提存物。 □清償提存因提存出於錯誤。 □提存原因已消滅。				
取回物為金錢者，其金額；為 有價證券者，其種類、標記、 號數、張數、面額；為其他動 產者，其物品之名稱、種類、 品質及數量	現金新台幣○○萬元整 （或○○銀行○○分行無記名可轉讓定存單……等）				
證　明　文　件	□○○年度存字第○○號提存書及收款書正本 □委任狀 □本人、代理人國民身分證影本 □○○年○○字第○○號民事判決及確定證明書影印本 □同意書及印鑑證明文件 □○○年度促字第○○號支付命令及確定證明書影印本 □法人證明文件影本（公司執照營利事業登記證） □撤回執行證明書正本或強制執行撤回筆錄影本 □○○年度○○字第○○號裁定及確定證明書正本				
請　　求　　日　　期	中華民國　　　　　年　　　　　月　　　　　日				
提　存　所　名　稱	臺灣○○地方法院提存所				
提　存　所　處　理　結　果					

中　華　民　國　　　　　年　　　　　月　　　　　日

臺 灣 ○ ○ 地 方 法 院 提 存 所

主　任

法院如果同意返還提存物，將核發如下（範例）的裁定：

臺灣高雄地方法院民事裁定　　　　　○○年度聲字第○○號

聲請人：翁○○

相對人：蔡○○

當事人間聲請返還擔保金事件，本院裁定如下：

主文：

本院民國○○年存字第○○號提存事件聲請人所提存之擔保金新臺幣○○萬元准予返還。

理由：

一、按訴訟終結後，供擔保人證明已定20日以上期間催告受擔保利益人行使權利而未行使者，法院應依供擔保人之聲請，以裁定命返還其提存物，民事訴訟法第104條第1項第3款前段定有明文。

二、本件聲請意旨略以：聲請人與相對人間給付工程承攬報酬事件，聲請人前遵本院○○年裁全字第○○號裁定，為擔保假扣押之實施，而提供擔保金新臺幣○○元，並以本院○○年度存字第○○號提存事件提存在案。嗣因兩造訴訟經判決確定，相對人已依判決給付承攬報酬完畢，聲請人復已撤回強制執行程序，並另以存證信函催告相對人於20日內行使權利，且業經送達相對人，相對人迄今仍未行使，爰依民事訴訟法第104條第1項第3款前段規定，聲請發還擔保金等語。

（續下頁）

（承前頁）

三、經查，聲請人所述上揭聲請事實，業經其提出本院○○年
　　度存字第○○號提存書、存證信函暨掛號郵件收件回執各
　　乙件為證，復經本院依職權調取上開假扣押事件、提存事
　　件、撤回強制執行事件等全部卷宗查核屬實，又相對人迄
　　今尚未行使權利，有本院民事記錄科查詢表乙紙，附卷可
　　參，從而聲請人聲請返還提存物，自無不合，應予准許。

四、依民事訴訟法第104條第1項第3款，裁定如主文。

中華民國○○年○○月○○日

民事第二庭法官　黃○○

正本證明與原本無異。

如不服本裁定應於送達10日內向本院提出抗告狀，並繳納裁
判費新臺幣○○元。

中華民國○○年○○月○○日

書記官　陳○○

註：因案例事實不同，法院所為之裁定內容也會有所不同。

6 假扣押執行

查出債務人的財產後，要開始執行假扣押時，還要再撰寫「假扣押強制執行聲請狀」，參考範本如下：

民事　假扣押強制執行聲請　狀

案號：○○
股別：○○
訴訟標的金額或價額：○○
聲　請　人：○○○　　住居所：○○○○○○
相　對　人：○○○　　住居所：○○○○○○
第　三　人：○○○　　住居所：○○○○○○
法定代理人：○○○　　住居所：○○○○○○

為呈假扣押強制執行聲請事：

壹、請求事項

　　一、請准就相對人之所有財產於新臺幣○○元整之範圍內
　　　　予以假扣押強制執行。

　　二、前開程序費用由相對人負擔。

貳、執行名義

　　臺灣○○地方法院○○年度○○字第○○號民事裁定正
　　本。

參、事實及理由：

　　一、緣聲請人○○○保全對相對人之債權，前曾向　鈞
　　　　院聲請對相對人之財產假扣押，蒙　鈞院以○○年度
　　　　○○字第○○號民事裁定，准許聲請人以裁定中所定
　　　　之擔保金供擔保後，得對債務人之財產以前開聲明之
　　　　內容予以假扣押在案(證一)，聲請人等已依該裁定所

（續下頁）

（承前頁）

　　示提存前開金額（證二）於　鈞院提存所，並繳交執行
　　費完畢。
　二、聲請人等爰以　鈞院○○年度裁全字第○○號民事裁
　　定爲執行名義，依強制執行法第4條第1項第2款、第
　　6條及第7條聲請強制執行。
肆、可供假扣押之財產
　一、薪資部分：任職於○○商業銀行○○分行（地址：
　　○○○○）。（證三）
　二、銀行存款部分：○○商業銀行○○分行（地址：
　　○○○○）。（證三）
　三、土地部分：經向財政部○○國稅局調閱相對人○○年
　　度財產歸屬資料清單，○某持有下列土地，請准予
　　假扣押之標的（證四）：
　（一）○○縣○○鄉○○段○○地號（面積○○平方公尺）權
　　利範圍○○。
　（二）○○縣○○鄉○○段○○地號（面積○○平方公尺）權
　　利範圍○○。

謹狀　臺灣○○地方法院　民事執行處　公鑒
證物名稱及件數：
證一：臺灣○○地方法院○○年度○○字第○○號民事裁定。
證二：提存書正本。
證三：財政部○○國稅局調閱相對人○○年度綜合所得稅各
　　類所得資料清單影本。
證四：財政部○○國稅局調閱相對人○○年度財產歸屬資料
　　清單影本乙份，○○縣○○鄉○○段○○地號及○○地
　　號土地登記第一類土地謄本正本乙份。

　　　　　　　　　　　　具狀人：○○○印
　　　　　　　　　　　　撰狀人：○○○印

中　華　民　國　○○　年　○○　月　○○　日

一 被假扣押了怎麼辦？

前面所提到都是如何對別人假扣押，如果反過來，是被別人聲請假扣押了，那該怎麼辦呢？通常可經由下列方式解決：

1.反擔保：債務人再拿出一筆錢供擔保或提存，就可以免為或撤銷假扣押。此部分法院會一併在假扣押的裁定中載明（民訴§527）。

2.限期起訴：債務人可以向法院聲請，要求債權人於一定期間內起訴（民訴§529Ⅰ）。

以下是向法院聲請限期起訴狀的範例：

民事　聲請限期起訴　狀

案號：○○
股別：○○
訴訟標的金額或價額：○○
聲請人即債務人：○○○　　住居所：○○○○○○
相對人即債權人：○○○　　住居所：○○○○○○
為聲請裁定命相對人於一定期間內起訴事：
相對人向貴院聲請假扣押聲請人財產，經貴院以○○年度○○字第○○號裁定，將聲請人之財產在新臺幣○○元之範圍內假扣押查封在案。但相對人尚未向法院提起訴訟，為此依民事訴訟法第529條規定，聲請貴院裁定命其於一定期間內起訴。

謹狀　臺灣○○地方法院　民事執行處　公鑒
證物名稱及件數：

　　　　　　　　　　　　　　　　具狀人：○○○印
　　　　　　　　　　　　　　　　撰狀人：○○○印

中　華　民　國　○○　年　○○　月　○○　日

　　如果經法院限期起訴，而債權人仍未起訴時，債務人就可以向法院撤銷假扣押裁定。（民訴§529 V）

　　撤銷假扣押聲請狀範例如下：

民事　撤銷假扣押聲請　狀

案號：○○

股別：○○

訴訟標的：○○

聲請人即債務人：○○○　住居所：○○○○○○

相對人即債權人：○○○　住居所：○○○○○○

為聲請撤銷假扣押裁定事：

本件假扣押裁定，既經　鈞院裁定（○○年○○字第○○號）命債權人於7日內起訴，惟迄今已逾上開期間，債權人仍未起訴。爰懇請　鈞院賜准撤銷本件假扣押裁定，實感德便。

謹狀

臺灣○○地方法院　民事執行處　公鑒

證物名稱及件數：

具狀人：○○○印

撰狀人：○○○印

中　華　民　國　○　○　年　○　○　月　○　○　日

二 假扣押之撤回

　　假如債務人已經賠償後，就沒有假扣押的必要，則可以撤回假扣押執行之聲請，如有相關的查封登記，加以塗銷。以下是撤回聲請狀的範本：

民事　撤回假扣押執行聲請　狀

案號：○○
股別：○○
訴訟標的金額或價額：○○
債權人：○○○　住居所：○○○○○○
債務人：○○○　住居所：○○○○○○

為聲請撤回假扣押執行之聲請事：
因○○○（證一），假扣押原因消滅，本件已無假扣押之必要，懇請　鈞院准予撤回本件假扣押之聲請，並請　鈞院儘速○○○，實感德便。

　謹狀

臺灣○○地方法院　民事執行處　公鑒
證物名稱及件數：
一、○○○　　　　　　　　　　具狀人：○○○印
　　　　　　　　　　　　　　　撰狀人：○○○印

中　華　民　國　○○　年　○○　月　○○　日

參考法條

【民事訴訟法第530條】

I 假扣押之<u>原因消滅</u>、債權人受本案敗訴判決確定或其他命假扣押之情事變更者，債務人得聲請撤銷假扣押裁定。

II 第528條第3項、第4項之規定，於前項撤銷假扣押裁定準用之。

III 假扣押之裁定，債權人得聲請撤銷之。

IV 第1項及前項聲請，向命假扣押之法院爲之；如本案已繫屬者，向本案法院爲之。

第三章

支付命令

支付命令可以避免冗長的訴訟程序,讓你在最短時間內保障權益,但是該怎麼向法院聲請核發呢?

1 認識支付命令

▬ 支付命令的意義

㈠ 什麼是支付命令？

對於沒有打過民事官司的民眾而言，這應該是一個很陌生的名詞。一般人總是認為打官司就等同於起訴，但是起訴曠日廢時，常常打了好幾年判決還無法確定，當事人必須承受長期的訴訟煎熬。

其實，法律還提供一些管道讓民眾能迅速地確定當事人間的法律關係，支付命令就是其中一種。

簡單來說，債權人可以向法院聲請核發支付命令給他造當事人，只要他造當事人在送達後20日內並未附理由提出異議，支付命令得為執行名義。

常見者如卡奴欠銀行錢，銀行聲請法院核發支付命令給卡奴，卡奴因未提出異議，銀行取得裁定確定證明書，得據此為執行名義。

本文將教你如何按部就班地完成支付命令程序，對於單純的訴訟案件，自己來可以省下不小的費用，絕對划得來喔！

參考法條

民事訴訟法第508~521條有關督促程序的規定。

二 支付命令的優點

① 快速確定法律關係

相較於一般民事訴訟必須花費較長的時間，支付命令可以讓當事人間的法律關係更為快速，免於冗長的訴訟程序。

② 程序簡便

聲請狀的內容並不複雜，也不需要寫什麼大道理，除了請求的標的及數量外，寫出請求的原因事實即可，以及應簽發支付命令之陳述。

③ 訴訟費用低廉

訴訟費用只需500元，相較於一般訴訟程序的費用動輒上萬的情況，當然便宜許多，也是一個值得嘗試的訴訟程序。

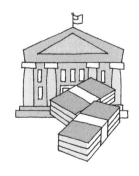

三 支付命令的聲請程序

支付命令聲請的程序共分成「提出聲請」、「法院裁定」、「有無異議」等三大步驟，「有無異議」的部分，又分成債務人提出異議及未提出異議兩種，而有不同的結果。

每個步驟都有一些細部應該注意的事項，由於支付命令之效力極大，為了保障自己的權益，無論是債權人或債務人都必須熟悉。

因此希望透過本書的介紹，使得債權人可以自行step by step地辦理支付命令的聲請。

聲請程序

STEP 1
提出聲請

STEP 2
法院裁定

STEP 3
有無異議

STEP 4
有▶視為起訴

STEP 4
沒有▶得為執行名義

2 支付命令聲請

一 支付命令聲請書的格式

民事　支付命令聲請　狀

案號：○○
股別：○○
訴訟標的：○○
債權人：○○○　　住居所：○○○○○○
債務人：○○○　　住居所：○○○○○○

為聲請支付命令事：

一、債務人應給付債權人新臺幣○○元，並自民國○○年
○○月○○日起至清償日止，按週年利率百分之○○計
算之利息。

二、聲請督促程序費用由債務人負擔。

事實及理由：

一、債務人○○○於民國○○年○○月○○日向債權人借款
新臺幣○○元，約定清償期限為○○年○○月○○日，
並按週年利率百分之○計付利息，立有借據乙紙為證
（證一），未料屆期不為清償。

二、債務人拒不清償借款，經債權人一再以存證信函催索，
仍相應不理（證二），始為支付命令之聲請。

三、按「債權人之請求，以給付金錢或其他代替物或有價證
券之一定數量為標的者，得聲請法院依督促程序發支付
命令。」民事訴訟法第508條第1項有明文規定。本件
係請求給付一定金額，且債權人已向債務人請求給付前
開金額，債務人卻未予置理，實有依督促程序促其履行
之必要，爰依法請求　鈞院賜准發給支付命令，促其清
償，並負擔督促程序費用，以維權益，實感德便！

（續下頁）

（承前頁）

謹　狀
臺灣○○地方法院　民事庭　公鑒
證物名稱及件數：
證一：借據影本乙份。
證二：存證信函及回執影本乙份。

　　　　　　　　　　　　　　具狀人：○○○ 印
　　　　　　　　　　　　　　撰狀人：○○○ 印

中　華　民　國　○　○　年　　○　○　月　○　○　日

(一) 主旨

1. 支付命令必須寫清楚你所要請求的標的或數量。
2. 民事訴訟法第508條第1項規定，支付命令以給付金錢或其他代替物（如上等蓬萊米100斤）或有價證券為標的。
3. 一般情況只需要修改金額和日期的部分即可。

(二) 釋明

1. 說明支付命令的原因事實：本案所舉的例子是借款未償還。
2. 強調已多次要求債務人還錢，債務人卻相應不理。
3. 有借款的證據，如借據，應於聲請狀中註明，並附加於狀紙後面。
4. 強調已經多次向債務人請求履行借款契約關係，因為債務人的不履行，所以才會請求法院依法發送支付命令，不論於情於理，聲請人均站得住腳。

支付命令的訴訟費用

　　寫完支付命令的狀紙後，就可以送交至法院遞狀，支付命令的訴訟費用為新臺幣500元，必須現場繳納。如果你沒有資力可以繳交訴訟費用，也可以向法院請求訴訟救助，但必須符合「無資力」、「非顯無勝訴之望」的要件。不過支付命令只需要500元，法院通常較少准許訴訟救助。

法院裁定

接下來的程序就是等待法院核發支付命令。法院大約可在1個禮拜內寄送支付命令給當事人。法院核發的支付命令內容大致如下：

臺灣○○地方法院支付命令

○○年度○字第○○○號

股別：○○

訴訟標的：○○

債權人：○○○　　住居所：○○○○○○

債務人：○○○　　住居所：○○○○○○

一、債務人應向債權人給付新臺幣（下同）○○元，及自支付命令送達翌日起至清償日止，按年息百分之○計算之利息，並賠償督促程序費用新臺幣500元，否則應於本命令送達後20日內之不變期間內，向本院提出異議。

二、債權人請求之原因事實如債權人聲請狀所載。

三、如債務人未於第一項期間內提出異議，本命令與確定判決有同一之效力。

中　華　民　國　○○　年　○○　月　○○　日

民事第○○庭　　　法　官　○○○

以上正本證明與原本無異

中　華　民　國　○○　年　○○　月　○○　日

書記官　○○○

附註：事後遞狀應註明案號及股別

本範例中，債務人應向債權人給付○○元；利息的起算點是從支付命令送達翌日起算，計算到清償日止。

因為支付命令屬於督促程序，此一費用由被告負擔。

當事人（債務人）可以在送達後的20天內提出異議。

債務人未於法定期間內提出異議，支付命令與確定判決有同一效力，如債務人仍未履行債務時，債權人可持該支付命令為聲請強制執行。

■ 送達的問題

　　發支付命令後，3個月內不能送達於債務人者，其命令失其效力。（民訴§515 I）

　　所以，支付命令要能夠送達到對方的手中是一件相當重要的事情。可是對方可能故意不收、不知去向，送達不到就會很頭痛。

◎ 不能送達於債務人，法院卻誤發確定證明書

　　此種法院誤發確定證明書者，自確定證明書所載確定日期起5年內，經撤銷確定證明書時，法院應通知債權人。如債權人於通知送達後20日之不變期間起訴，視為自支付命令聲請時，已經起訴；其於通知送達前起訴者，亦同。（民訴§515 II）

　　前述規定，主要是因為債權人聲請發支付命令時，即有行使權利之意思，時效應予中斷，但目前實務上常有法院以支付命令已合法送達而核發確定證明書，嗣後因債務人抗辯未合法送達，經查明屬實，而將確定證明書撤銷，致發生支付命令不能於核發後3個月內送達債務人，而使支付命令失其效力。

　　為兼顧債權人權益之保障與債務人時效利益之前提下，始有此規定，視為自支付命令聲請時已經起訴。

■ 如果無法送達時，該怎麼辦呢？

◎ 可以「寄存送達」或是可以「公示送達」嗎？

　　所謂的寄存送達，通常都是將支付命令寄放在派出所，然後製作二份送達通知書，貼在門上、信箱上，並自寄存之日起經過10日就發生送達之效力，以這種方式來達到送達的目的。雖然支付命令影響

當事人的權益相當重大，但法律並沒有排除支付命令不得用寄存表達之方式，故仍可以寄存送達之方式為之。（民訴§138Ⅰ）

所謂公示送達，就是將公告或通知書黏貼在法院公告處，然後還要登載於公報或新聞紙，以達到送達的目的。但是，支付命令依法是不能夠採行「公示送達」。（民訴§509）

所以，當無法送達的時候，只好提起民事訴訟，屆時可以透過法院寄存送達或公示送達，如果對方也不到庭辯論，還可以聲請一造辯論判決。（參照本書第四章「起訴」）

參考法條

【民事訴訟法第138條】

Ⅰ 送達不能依前二條規定為之者，得將文書寄存送達地之自治或警察機關，並作送達通知書兩份，一份黏貼於應受送達人住居所、事務所、營業所或其就業處所門首，另一份置於該送達處所信箱或其他適當位置，以為送達。

Ⅱ 寄存送達，自寄存之日起，經10日發生效力。

Ⅲ 寄存之文書自寄存之日起，寄存機關應保存2個月。

【民事訴訟法第509條】

督促程序，如聲請人應為對待給付尚未履行，或支付命令之送達應於外國為之，或依公示送達為之者，不得行之。

　　法院如果通知聲請人查址，當事人依據通知向戶政機關一查，居然發現債務人已經變更地址，如果還在同一個法院的轄區，例如從板橋區搬到新莊區，都在板橋地方法院的轄區，則向板橋地方法院陳報新地址，否則支付命令因為在3個月內無法送達而失效。呈陳報狀的撰寫範例如下：

民事　陳報　狀

○○年度○字第○○○號

股別：○○

訴訟標的金額或價額：○○

聲請人：○○○　　住居所：○○○○○○

相對人：○○○　　住居所：○○○○○○

為支付命令事件，謹陳報地址事：

查債務人之地址應改為：○○市○○路○○號，此有戶籍謄本可稽(證一)，爰懇請　鈞院改依新址送達，實感德便。

　　謹　狀

○○○○地方法院民事庭　公鑒

主要是將更改後的地址寫下來，並將證明文件（戶籍謄本）註記在「證物名稱及件數」中。

具狀人：○○○　印

撰狀人：○○○　印

中　華　民　國　○○　年　○○　月　○○　日

4 聲明異議

一 你要提出異議嗎？

收到支付命令要提出異議非常簡單，但是提出異議前，必須要考量到有必要提出異議嗎？

因為如果提出異議後，很可能就是一場打官司的開始，打官司牽涉到訴訟費，如果敗訴了，又要多負擔一筆訴訟費用。

以「卡奴」為例，銀行以支付命令要求債務人給付欠款，通常請求給付的錢應該不會產生錯誤，只是卡奴沒有錢還而已，這時候提出異議的必要性恐怕就不大了，貿然提出異議而進入訴訟程序，如果敗訴，恐要負擔更多的訴訟費用。

二 如何提出異議呢？

債務人必須在收到支付命令後的20日不變期間內，向法院提出異議，而且這種異議不必附理由。右頁提供一個簡單的聲明異議範例：（本範例省略案號、股別等項目）

參考格式

對於支付命令提出異議事：

異議人於○○年○○月○○日收受貴院○○年度促字第○○○號支付命令的送達，命異議人於20日內清償債款。但由於該項債務尚有糾葛，為此依民事訴訟法第516條規定，對於該支付命令，向貴院提出異議。

此致

○○地方法院　公鑒

具狀人：○○○印

中　華　民　國　○　○　年　○　○　月　○　○　日

三 超過20日了嗎？

如果聲明異議已經超過20日的不變期間，法院可以裁定駁回之，所以債務人收到支付命令時必須注意時間，否則超過20日，就像是被法院判決敗訴一般。

民事訴訟法第518條規定，債務人於支付命令送達後，逾20日之不變期間，始提出異議者，法院應以裁定駁回之。

常有人收到支付命令，一看到法院發出的日期後嚇了一跳，因為收到時早就已經超過20天了。其實這20日的起算，是從「送達後」開始起算。所以如果你收到後早就超過法院發出支付命令的日期，那也沒關係，但是要特別注意的是，如果有家人代收，但是沒有交給你，導致你誤以為是從自己收到時起算，但其實是從你家人代收時就開始起算了喔。（如次頁圖）

法院開立　　　家屬代收　　　　　　　　自己收到

四 進入訴訟程序

　　債務人聲明異議可能是針對全部或一部分，例如借款10萬元的案例，債務人對於其中的5萬元聲明異議，其餘未聲明異議的5萬元就確定了；有異議的5萬元，支付命令就失其效力，以債權人支付命令之聲請，視為起訴或聲請調解。

參考法條

【民事訴訟法第519條】

I 債務人對於支付命令於法定期間合法提出異議者，支付命令於異議範圍內失其效力，以債權人支付命令之聲請，視為起訴或聲請調解。

II 前項情形，督促程序費用，應作為訴訟費用或調解程序費用之一部。

5 支付命令確定

如果債務人沒有在20日之內提出異議，則支付命令得為執行名義，而無與確定判決有同一之效力。簡單來說，就可以依據支付命令進行強制執行的程序。

參考法條

【民事訴訟法第521條】

Ⅰ 債務人對於支付命令未於法定期間合法提出異議者，支付命令得為執行名義。

Ⅱ 前項情形，為裁定之法院應付與裁定確定證明書。

Ⅲ 債務人主張支付命令上所載債權不存在而提起確認之訴者，法院依債務人聲請，得許其提供相當並確實之擔保，停止強制執行。

債務人主張支付命令上所記載債權不存在者，得提起確認債權不存在之訴或債務人異議之訴，如果是確認債權不存在之訴，法院依債務人聲請，得許其提供相當並確實之擔保，停止強制執行；至於債務人異議之訴，可參考強制執行法第14條之規定辦理。

參考法條

【強制執行法第14條】

Ⅰ 債執行名義成立後，如有消滅或妨礙債權人請求之事由發生，債務人得於強制執行程序終結前，向執行法院對債權人提起異議之訴。如以裁判為執行名義時，其為異議原因之事實發生在前訴訟言詞辯論終結後者，亦得主張之。

Ⅱ 執行名義無確定判決同一之效力者，於執行名義成立前，如有債權不成立或消滅或妨礙債權人請求之事由發生，債務人亦得於強制執行程序終結前提起異議之訴。

Ⅲ 依前二項規定起訴，如有多數得主張之異議原因事實，應一併主張之。其未一併主張者，不得再行提起異議之訴。

6 策略運用

一 欠債的人就不是好員工？

報載某些公司對於欠債的員工都會加以懲處，例如台塑集團的南亞塑膠公司也有內規，若員工因為欠債遭法院行文強制扣薪者，每次至少記申誡乙次，有位員工就因為欠不同銀行卡債，結果收到一大堆法院強制扣薪的命令，被記了11支申誡。

政府機關也有類似規定，例如臺北市政風處的全球資訊網中就公布「政風人員獎懲標準表」，對於欠債導致影響政風人員聲譽者，將處以記過的處分。

其規定如下：

> 七　有左列情事之一者，記過：
> 　　(八)欠債、倒會致生糾紛，有損政風人員聲譽者。

因為很多債務人惡意不收任何的信件，導致支付命令無法送達，這時候可以聲請將支付命令寄送至債務人的工作場所，至少讓其他同事也認清這個人的欠債情形，說不定還可以藉由所屬公司的內部壓力達到還錢的目的。

雖然這種方法未必人道，可是欠債不還，對於苦哈哈的債權人也未必人道，債權人常常也很可憐，在借錢之前人家叫你大爺，借了之後換你叫人家大爺。因此，這種方法或許可以當作策略運用的方式之一。

⬛ 白冰冰借錢事件

　　2002年某夜，白冰冰一位交情頗深、認其為乾弟的傅姓友人撥了一通電話給她，表示遭到地下錢莊威脅，急需4千萬元救命錢，希望白冰冰能幫忙。在白曉燕事件那一段時期中，白冰冰也受到許多人的幫助，再加上自己個性本來就是勇於伸援手、重感情，便將戶頭裡的2千5百萬元提領出來，又向友人借了1千5百萬元，全都借給了傅姓友人。

　　孰料，傅姓友人一再用換票的方式拖延不還錢，且後來更開出3張空頭支票，借出去的錢有去無回，而且幾經催還，卻是一再落空，甚至失去聯絡，白冰冰辛辛苦苦掙來的積蓄化為烏有，還欠了一屁股的債，逼得她不得不復出、重新主持節目，每個月償還60萬元給借錢的友人。

可惡！
幫你借錢還要
替你還錢！

第四章

起　訴

起訴是正式向債務人宣戰，訴訟的過程通常都非常
漫長，若能瞭解基本的訴訟程序，必定有所幫助。

認識起訴

一 起訴的意義

◎ 什麼是起訴？

起訴是民事訴訟程序中最主要的程序，簡單來說，透過法院的公正審理，以解決當事人間的法律訴訟爭議。

起訴時，聲請起訴的一方必須以訴狀的形式，載明「訴之聲明」，並且將事實及理由表明清楚，然後雙方經過言詞辯論的程序將所有的證據呈現於法庭中，最後由法院依據相關事證做出最後的判決。

本文將教你起訴過程中最重要的基本概念，包括撰寫訴狀、訴訟費用、言詞辯論、證據，以及取得勝訴判決後，該如何向法院聲請假執行，在本章都有完整的說明。

二 該準備什麼？

萬不得已而必須要提起訴訟的時候，你該準備什麼東西呢？讓我們來看看右頁圖：

訴訟費用原則上由敗訴人負擔！

訴訟前的準備

① 證據

想要打官司，一定要先站穩腳步。所謂站穩腳步，就是找出對你有利的證據，最後才能獲得勝訴的判決。

② 訴狀

訴狀是一種跟法院溝通的基本工具，本書提供許多範例，只要照著做，多學、多問，不必擔心複雜的訴訟程序。

③ 訴訟費

打官司要先準備一筆錢，如果勝訴的話，才會轉爲由被告負擔。但是如果真的沒有錢打官司，還是可以聲請訴訟救助。

④ 律師

是否聘請律師，應視案情複雜度及訴訟金額來決定，畢竟每一審級的律師費大約也要5萬元以上，是一筆不小的開銷。

2 簡易和小額程序

一 適用「簡易程序」還是「小額程序」？

為了避免訴訟程序過於冗長，對於某些輕微的特定案件，得採行簡易程序或小額程序，以求儘快解決當事人間的法律紛爭。

原則上，可透過下列關鍵因素，來判斷適合哪一種訴訟程序：

(一) 以金額決定

如果金（價）額50萬元以下（司法院可能會依據情勢需要，以命令減至25萬元，或增至75萬元），案情較為輕微，則適用簡易程序（民訴§427以下規定）。若金額是10萬元以下者，則適用小額訴訟程序（民訴§436-8以下規定）。

(二) 不同的案件，不同的訴訟費用

如果請求的金（價）額超過50萬元，還是可以看看是否符合右頁情形，依舊可以適用簡易程序。（民訴§427 II）

但是該條文的十二種情形，若案情複雜，或者是請求的金（價）額超過50萬元的數十倍以上者，當事人可以向法院聲請，以裁定改用通常訴訟程序，並由原法官繼續審理。（民訴§427 V）

(三) 雙方合意

即使不符合前述50萬元以下的金（價）額或特殊要件的情況，只要當事人雙方合意，仍然可以適用簡易程序。（民訴§427 III）

如果法院適用簡易程序，而當事人不抗辯而為本案之言詞辯論時，就視為雙方合意。（民訴§427條 IV）

參考法條

【民事訴訟法第427條第2項】

下列各款訴訟，不問其標的金額或價額一律適用簡易程序：

①因建築物或其他工作物定期租賃或定期借貸關係所生之爭執涉訟者。

②僱用人與受僱人間，因僱傭契約涉訟，其僱傭期間在1年以下者。

③旅客與旅館主人、飲食店主人或運送人間，因食宿、運送費或因寄存行李、財物涉訟者。

④因請求保護占有涉訟者。

⑤因定不動產之界線或設置界標涉訟者。

⑥本於票據有所請求而涉訟者。

⑦本於合會有所請求而涉訟者。

⑧因請求利息、紅利、租金、退職金或其他定期給付涉訟者。

⑨因動產租賃或使用借貸關係所生之爭執涉訟者。

⑩因第①～③款、第⑥～⑨款所定請求之保證關係涉訟者。

⑪本於道路交通事故有所請求而涉訟者。

⑫適用刑事簡易訴訟程序案件之附帶民事訴訟，經裁定移送民事庭者。

　　標的金（價）額雖然高於10萬元，但只要在50萬元以下，雙方當事人仍然可以合意適用小額訴訟程序，其合意應以文書證之。（民訴§436-8 Ⅵ）

　　以上合意都必須以文書作為證明，也就是白紙黑字寫清楚雙方都願意採行簡易程序或小額程序。

3 訴訟費用

一 誰負擔訴訟費用？

原則上，有道理的一方（勝訴的一方）當然不用負擔訴訟費用；換言之，由敗訴的一方負擔訴訟費用。

但是，訴訟費用必須由提出訴訟的一方先行負擔，待判決確定決定勝負後，再由法院決定該由誰負擔。

可能一部勝訴、一部敗訴，這時候提起訴訟的一方只需要負擔敗訴的訴訟費用。例如某甲因為車禍事件導致身體受到傷害，於是向肇事者某乙提出200萬的損害賠償，法院判決某乙需給付某甲50萬元損害賠償，法院可能裁判訴訟費用應由某乙負擔四分一，其餘由某甲負擔。

當事人一部勝訴或一部敗訴，除上述比例分擔訴訟費用外，法院也可酌量情形，命一造負擔或命兩造各自負擔支出之訴訟費用。（參考民訴§79）

二 怎麼計算

如果是非因財產權而起訴者，徵收裁判費新臺幣3,000元。常見的訴訟通常與金錢有關，民事訴訟法第77-13條～第77-27條規定訴訟費用的計算標準（右上表為財產權之第一審訴訟費用）

訴訟金（價）額	訴訟費用
10 萬元以下	1,000 元
超過 10 萬～ 100 萬	110 元 ／ 每萬元
超過 100 萬～ 1,000 萬元	99 元 ／ 每萬元
超過 1000 萬～ 1 億元	88 元 ／ 每萬元
超過 1 億元～ 10 億元	77 元 ／ 每萬元
超過 10 億元	66 元 ／ 每萬元

讓我們舉個例子來計算一下：

如果你請求的金額是 200 萬元，那該繳多少訴訟費呢？這要分三個階段來計算：

1	10 萬元以下的部分	1,000 元
2	超過 10 萬～ 100 萬元的部分 100-10=90 萬元	90 萬元 ×110 元 每萬元 = 9,900 元
3	超過 100 萬～ 200 萬元的部分 200-100=100 萬元	100 萬元 ×99 元 每萬元 = 9,900 元
總計 1,000 ＋ 9,900 ＋ 9,900 = 20,800 元		

至於其他的裁判費用，可以參考本章最後的附表，會有相當清楚的列示。

◎ 如果你還是不會計算怎麼辦呢？

下列連結，附有民事訴訟費用的 Web 版計算程式，也可以下載單機版程式安裝至電腦中，只要輸入請求的金額，就可以算出需要支付多少的訴訟費用，包括一審及二、三審的費用。

（請直接上網搜尋關鍵字「司法院」、「Web 版計算程式」）

參考格式

■ 民事訴訟法第七十七條之十三徵收標準提高徵收費用後計算表

民事訴訟費用之計算及徵收試　　　版本：920806

訴訟標的之金額或價額	級距表	10萬元以上萬元徵收費	各級距徵收費用小
.00	10萬〔含〕以下	固定徵收	
	逾10萬至100萬	110	
	逾100萬至1000	99	
	逾1000萬至1億	88	
	逾1億至10億	77	
	10億以上	66	
	一審徵收費用 ＝		
			x 1.5
	二三審徵收費用 ＝		

民事訴訟費用之計算及徵收標準與提高徵收費用後之對

訴訟標的之金額或價額	訴　訟　費　用			
	一　審		二　審	
	七十七條之十三徵收標	提高後徵收標	七十七條之十三徵收標	提高後徵收標
10萬〔含〕以下	1000元	1000元	1500元	1500元
逾10萬至100萬	1/100	1.1/100	1.5/100	1.65/100
逾100萬至1000萬	0.9/100	0.99/100	1.35/100	1.485/100
逾1000萬至1億	0.8/100	0.88/100	1.2/100	1.32/100
逾1億至10億	0.7/100	0.77/100	1.05/100	1.155/100
10億以上	0.6/100	0.66/100	0.9/100	0.99/100

《注意事項》

一般金錢之請求，透過上述程式可以很輕易算出裁判費用。但若訴訟標的非係金錢之請求，例如請求遷離房屋，如何核定裁判費就是一大學問。

原則上應先確定訴訟標的的價額，才能進一步計算應繳納多少裁判費，法律明定核定訴訟標的的價額，以起訴時之交易價額為準；無交易價額者，以原告就訴訟標的所有之利益為準。（民訴§77-1 Ⅱ）

事實上，這樣還是很難理解。如果真的不知道如何計算，還有一招斧底抽薪的妙招，那就是直接起訴，等法院算好要繳多少裁判費後，命補正時再按期交付裁判費即可。法院因核定訴訟標的之價額，得依職權調查證據。（民訴§77-1 Ⅲ）

三 沒錢繳怎麼辦？

如果沒有錢支付訴訟費用，就沒辦法打官司嗎？

不用擔心，還是可以向法院聲請「訴訟救助」（民訴§107以下規定），也不必不好意思，因為訴訟救助的聲請在法院是相當常見的。

基本上，只要法院認定符合「無資力支出訴訟費用」及「非顯無勝訴之望」（有勝訴的希望）兩個要件，法院即可准予訴訟救助。

那麼訴訟救助該怎麼寫聲請狀呢？只要依照次頁的格式撰寫，把事實改為實際發生之狀況即可。

民事　聲請訴訟救助　狀

○○年度○字第○○○號
股別：○○
訴訟標的金額或價額：○○
聲請人：○○○　　住居所：○○○○○○
相封人：○○○　　住居所：○○○○○○

爲聲請裁定准予訴訟救助事：

聲請人訴請被告張三償還欠款乙案（○○年度○字第○○○號），本應於起訴時繳交訴訟費用，但是聲請人生活困難，積蓄又悉遭被告借用未還，目前實無資力再支出該訴訟費用。又本件欠款之訴，人證物證俱在，非被告所能否認，聲請人必有勝訴之望，爲此依民事訴訟法第107條規定，聲請貴院裁定准予訴訟救助。

此致
○○地方法院　公鑒

證物名稱及件數：
證一：110年報稅資料

　　　　　　　　　　具狀人：○○○ 印
　　　　　　　　　　撰狀人：○○○ 印

中　華　民　國　○○　年　○○　月　○○　日

① 寫下起訴的案號，法院才知道哪一件訴訟需要聲請訴訟救助。

② 可以提供確實沒有資力的證據讓法院判斷，例如報稅資料（例如完全沒有收入的紀錄），相關資料可以填寫在「證物名稱及件數」中。

③ 有勝訴的希望是聲請訴訟救助的要件之一。不過訴訟救助僅係暫免徵收訴訟費用而已，判決確定或終結後，法院仍然會向應負擔訴訟費用之人徵收之。

小慈告父案

小慈10歲時自己到法院打官司，要求生父給付1,500萬元扶養費；歷經10年訴訟，最高法院駁回她的上訴而定讞。她的父親須每月給付4萬元生活費到她成年，總金額為450餘萬元。但是，扣掉了訴訟費之後，大約只剩下300萬元。

◎ 為什麼會這樣呢？

小慈訴訟費用，一審主張上千萬元，大約訴訟費用十餘萬元，並不算多，比較大筆的訴訟費用在第二審，小慈主張扶養費為6,800萬元，並另外請求3,000萬元的精神慰撫金，將近上億元的金額，訴訟費用約為131萬元，總累計訴訟費用約為180萬元，其負擔88％，約為158萬元，所以小慈實際上能拿到的扶養費約為300萬元。

所以，起訴的金額避免漫天喊價，還要考量勝訴機率，否則即便最後勝訴，所獲得的金額都被訴訟費用侵蝕殆盡。

4 撰寫訴狀

　　起訴的原因很多種，可能是因為對方欠錢、會錢不付、支票無法兌現、撞傷人、和解契約不履行……等因素，以下以請求「損害賠償」的情況為例，說明起訴狀的寫法。

一 訴狀的格式

民事　起訴　狀

案號：○○
股別：○○
訴訟標的金額或價額：○○
原告：○○○　　住居所：○○○○○○
被告：○○○　　住居所：○○○○○○

為請求給付損害賠償金起訴事：

訴之聲明
一、被告應給付原告新臺幣（下同）○○元，及自起訴狀繕本
　　送達翌日起至清償日止，按年利率百分之○〔註1〕計算
　　之利息。
二、訴訟費用由被告負擔。

事實及理由
緣被告於民國 ○○年 ○○月 ○○日間毆傷原告 ○○、○○等
處，有○○醫院診斷單可證(證一)，傷害部分業經提出告訴，
經檢察官提起公訴，並經貴院判處罪刑確定在案(○○年度
○○字第○○號)，原告因治療創傷，支出醫療費○○元(證

（續下頁）

（承前頁）

二），又原告受此不法侵害，身心均痛苦異常，並請求賠償慰
撫金○○元，以上合計○○元，因被告拒不給付，為此狀請判
決如訴之聲明，以維權益。

此致
○○地方法院 公鑒
證物名稱及件數：
證一：○○醫院診斷單
證二：醫療費明細及單據正本

具狀人：○○○ 印
撰狀人：○○○ 印

中　華　民　國　○○　年　○○　月　○○　日

註：依據民法第203條規定：「應付利息之債務，其利率未經約定，亦無法律可
　　據者，週年利率為百分之五。」如果是票據的部分，依據票據法的規定，
　　則以年利六釐計算。

法律小辭典

什麼是慰撫金？
又稱之為精神上的損害賠償，例如遭毆打後，皮肉之苦疼痛難
當，若導致臉部顏面受損疤痕，更可能終身忍受異樣眼光，都是
精神上的痛苦。

二 送達的問題

　　有時被告住居處不明，可是公文一定要送達，怎麼辦呢？答案就是「公示送達」。

　　可以參考下列範例，撰寫民事聲請公示送達狀。

民事　聲請公示送達　狀

案號：○○　股別：○○
訴訟標的：○○
聲請人即原告：○○○　　住居所：○○○○○
被告：○○○　　　　　　住居所：○○○○○

為聲請准為公示送達：
貴院○○年度○字第○○○號聲請人與被告張三間○○○○
事件，經查被告雖仍設籍在○○縣（市）○○市（區鄉鎮）○○
（路街）○○巷○○弄○○號○○樓，並未遷移，但是實際上已
不居住該處，現行方不明。檢附被告的戶籍謄本一份，依民事
訴訟法第149條第1項第1款規定，聲請貴院准予裁定對其為
公示送達。

此致
○○地方法院　公鑒
證物名稱及件數：
一、被告戶籍謄本

具狀人：○○○　印
撰狀人：○○○　印

中　華　民　國　○　○　年　　○　○　月　　○　○　日

註：依據民事訴訟法第149條第1項第1款

公示送達，自將公告或通知書黏貼公告處之日起，公告於法院網站者，自公告之日起，其登載公報或新聞紙者，自最後登載之日起，經20日發生效力；就應於外國為送達而為公示送達者，經60日發生效力。但依據民事訴訟法第150條，對於同一當事人仍應為公示送達，法院不必經聲請，即可應職權為之時，自黏貼公告處之翌日起，發生效力。（民訴§150、152）

三 刑事附帶民事訴訟

刑事附帶民事訴訟程序，乃是指因為犯罪而受有損害的人，在刑事訴訟程序中，附帶提起民事訴訟，請求回復原狀或損害賠償。由於犯罪者往往會產生民事及刑事的雙重責任，為了讓犯罪受害人不必雙重應訴，法院也可以避免重複審判，節省精力與費用，才有此一制度之產生。

(一) 原則免納裁判費

刑事附帶民事訴訟，須於檢察官起訴或被害人提起自訴，也就是刑事案件已經繫屬於第一審法院後，才能提起。必須特別注意的一件事，提起刑事附帶民事訴訟並不需要繳納裁判費，對於刑事案件的受害人，可以減輕不小負擔。（刑訴§487~512）

如果法院認為案情複雜，而將民事部分移送民事庭審理，也不用繳納裁判費。（刑訴§504）

但是，如果有追加擴張請求範圍，則就必須在追加擴張的範圍內繳交裁判費。

(二) 刑事為民事參考依據

刑事案件判決被告有罪時，通常都會裁定移送民事庭繼續審理，不會直接就刑事附帶民事訴訟判決賠償金額。如果刑事案件上訴第二

審，刑事附帶民事訴訟仍留在第一審法院民事庭，此時通常會待刑事案件的判決結果，作為民事判決的參考依據。

刑事無罪，並不代表民事上不必負擔責任。因為，刑事的成立較為困難，證據力要求比較高，例如美國著名的足球明星辛浦森殺妻案，刑事判決無罪，可是民事賠到幾乎破產。

(三) 怎麼撰寫刑事附帶民事訴狀

基本上，刑事附帶民事訴訟狀的寫法與一般民事訴訟的訴狀差不多，只是必須註明刑事案件已經起（上）訴。另外，還需要特別注意的情況，為了避免日後因為被告判決無罪、免訴或不受理之判決等情形，而將刑事附帶民事訴訟駁回，再重新起訴時，會面臨時效抗辯風險，可以在起訴狀中，或另外以聲請狀請求移送民事庭審理。

接著以車禍事件為例，提供刑事附帶民事的起訴狀範例：

刑事附帶民事訴訟起訴狀

案號：○○
股別：○○
訴訟標的金額或價額：○○
原告：○○○　　住居所：○○○○○○
被告：○○○　　住居所：○○○○○○

為被告涉嫌○○案件，謹提起刑事附帶民事訴訟事：

訴之聲明
一、被告應給付原告新臺幣（下同）○○元，及自起訴狀繕本送達翌日起至清償日止，按年利率百分之○計算之利息。
二、原告願供擔保，請准宣告假執行。

事實及理由
一、被告於民國（下同）○○年○○月○○日下午○時○分，

（續下頁）

（承前頁）

　　駕駛車號○○○─○○○之自小客車，沿忠孝東路往東行
　　駛，行經光復南路口時，應注意能注意而不注意，竟闖紅
　　燈，追撞沿光復南路往北行駛機車之○○○，導致○○○
　　左腿骨折及機車毀損之結果。而被告涉嫌過失致傷之案
　　件，業經 鈞院○○年度○○字第○○號案審理中。
二、被告○○○上開過失行為，導致原告受有損害，依據民法
　　第184、191-2等規定請求侵權行為損害賠償。
三、原告請求之明細如下：
　　（一）醫療費用：……。（證一）
　　（二）汽車修理費用：……。（證二）
　　（三）不能工作之損失：……。（證三）
　　（四）看護費用：……。（證四）
　　（五）慰撫金：……。（證五）
　　以上總計○○元。
四、爰此懇請 鈞院鑒核，賜准判如訴之聲明，以維權利，實
　　感德便。

此致
○○地方法院 公鑒
證物名稱及件數
一、○○
二、○○
三、○○
四、○○
五、○○

　　　　　　　　　　　　　　具狀人：○○○ 印
　　　　　　　　　　　　　　撰狀人：○○○ 印

中 華 民 國 ○ ○ 年 ○ ○ 月 ○ ○ 日

　　前文提到為避免時效抗辯風險，可以在起訴狀中，或另外以聲請
狀請求如刑事訴訟諭知無罪、免訴或不受理判決時，將附帶民事訴訟
移送民事庭審理。（刑訴§503Ⅰ）

以下提供聲請移送民事庭訴狀範例：

刑事附帶民事訴訟聲請狀

案號：○○　股別：○○
訴訟標的金額或價額：○○
原告：○○○　　住居所：○○○○○○
被告：○○○　　住居所：○○○○○○

為刑事附帶民事○○案件，謹聲請移送民事庭事：

因本○○案發生迄今已近2年，而本刑事案審理迄今尚未能於短時間內結束，為免日後重新起訴恐罹於時效，懇請　鈞院鑒核，賜准於本案若諭知被告無罪、免訴、不受理或裁定駁回時，能將本○○事件，移送　鈞院民事庭審理。

此致
○○地方法院刑事庭　公鑒
證物名稱及件數：

具狀人：○○○　印

撰狀人：○○○　印

中　華　民　國　○　○　年　○　○　月　○　○　日

法律小辭典

什麼是消滅時效？

請求權，如果經過一定期間還不行使，法律即規定請求權即告消滅，「一定期間」就是所謂的消滅時效。

　　不同的請求權，有不同的消滅時效，分別介紹常見的請求權消滅時效如下：

請求權的 消滅時效	請求權的內容
15 年	原則上請求權消滅時效是 15 年。 除非有下列情況，消滅時效的期間才會比較短。
5 年	利息、紅利、租金、贍養費、退職金及其他 1 年或不及 1 年之定期給付債權，其各期給付請求權，因 5 年間不行使而消滅。
2 年	一、旅店、飲食店及娛樂場之住宿費、飲食費、座費、消費物之代價及其墊款。 二、運送費及運送人所墊之款。 三、以租賃 產為營業者之租價。 四、醫生、藥師、看護生之診費、藥費，報酬及其墊款。 五、律師、會計師、公證人之報酬及其墊款。 六、律師、會計師、公證人所收當事人物件之交還。 七、技師、承攬人之報酬及其墊款。 八、商人、製造人、手工業人所供給之商品及產物之代價。

5 和解及調解

━ 訴訟和解

(一) 訴訟和解的意義

　　訴訟和解和一般民法規定的和解並不一樣，是指當事人在訴訟過程中，就雙方的主張互相讓步，達成合意，並將結果向法院陳報的訴訟行為。法院不問訴訟程度進行得如何，隨時可以嘗試進行和解。（民訴§377 I）

法律小辭典

什麼是和解？
雙方當事人依據民法簽立和解書，只能視為雙方當事人的契約，其效力相較於在法庭上所成立的訴訟和解較為薄弱，不能夠直接成為強制執行的名義。

(二) 如何寫和解書？

　　如果和解成立，需要寫和解書嗎？

　　由法院試行和解成立者，是由法院書記官製成和解筆錄，記載和解的內容、處所、年月日，及當事人並法定代理人或訴訟代理人的姓名，也會記載法官、書記官的姓名。

　　所以，當事人並不需要煩惱怎麼寫和解筆錄，只要看清楚和解筆

錄的內容，是否符合雙方當事人協商後的結果。現在法庭上當事人面前都有螢幕可以觀看，所以要仔細地閱覽和解筆錄的內容，若有錯誤，應立即提出。

　　最後，若沒有異議時，雙方必須就和解筆錄內容簽名。

(三) 和解條件還是談不攏，怎麼辦？

　　如果和解條件相差太遠，當然和解就不成立。

　　但是，如果雙方和解的意思幾乎很接近，兩造當事人可撰寫書狀，聲請法院定和解方案。

　　法院所定的和解方案，於期日告知當事人，記明筆錄，或將和解方案送達。在告知或送達時，和解就視為成立。（民訴§377-1）

(四) 一造有到場困難，但是和解有望，怎麼辦？

　　如果一造到場有困難，除非符合一造辯論判決外，訴訟程序往往不能迅速進行。因此，可以由一造當事人聲請或者是法院依職權提出和解方案，再將此和解方案送達雙方當事人，並限期命是否接受的表示，如果雙方表示接受，就視為已依該方案成立和解。（民訴§377-2）

(五) 和解的效力

　　和解雖然不是法院的判決，但是和解成立者，與確定判決，有同一之效力。（民訴§380Ⅰ）

　　如果是一般的給付請求權，也適合強制執行者，就可以作為強制執行的執行名義，向法院聲請對債務人強制執行。

　　如果訴訟和解成立，訴訟費用還可以退回一半，也不無小補。

Ⅰ 強制執行，依左列執行名義爲之：

①確定之終局判決。

②假扣押、假處分、假執行之裁判及其他依民事訴訟法得爲
強制執行之裁判。

③依民事訴訟法成立之和解或調解。

④依公證法規定得爲強制執行之公證書。

⑤抵押權人或質權人，爲拍賣抵押物或質物之聲請，經法院
爲許可強制執行之裁定者。

⑥其他依法律之規定，得爲強制執行名義者。

Ⅱ 執行名義附有條件、期限或須債權人提供擔保者，於條件成
就、期限屆至或供擔保後，始得開始強制執行。

Ⅲ 執行名義有對待給付者，以債權人已爲給付或已提出給付
後，始得開始強制執行。

二 法院調解

㈠ 什麼是法院調解？

在這裡介紹的是法院的調解程序，與一般鄉鎮機關的調解委員會
並不一樣。

所謂法院的調解，是起訴前由法院所行的調解制度，主要是因為
官司耗時費力，在雙方正式進行訴訟前，希望透過調解的方式，讓雙
方各退一步，以解決紛爭。

(二) 11種一定要法院調解的案子

以下11種案件，除有民事訴訟法第406條第1項各款所訂情形之一者外（民訴§403），於起訴前應先經法院調解。

編號	聲請返還的類型
①	不動產所有人或地上權人或其他利用不動產之人相互間因相鄰關係發生爭執者。
②	因定不動產之界線或設置界標發生爭執者。
③	不動產共有人間因共有物之管理、處分或分割發生爭執者。
④	建築物區分所有人或利用人相互間因建築物或其共同部分之管理發生爭執者。
⑤	因增加或減免不動產之租金或地租發生爭執者。
⑥	因定地上權之期間、範圍、地租發生爭執者。
⑦	因道路交通事故或醫療糾紛發生爭執者。　　　※ 最常見
⑧	雇用人與受雇人間因僱傭契約發生爭執者。
⑨	合夥人間或隱名合夥人與出名營業人間因合夥發生爭執者。
⑩	配偶、直系親屬、四親等內之旁系血親、三親等內之旁系姻親、家長或家屬相互間因財產權發生爭執者。
⑪	其他因財產權發生爭執，其標的之金額或價額在新臺幣50萬元以下者。

註：第11款所定數額，司法院得因情勢需要，以命令減至新臺幣25萬元
　　或增至75萬元。

但是如果有下列情形，法院得不進行調解，裁定駁回調解之聲請。（民訴§406Ⅰ）

編號	聲請返還的類型
①	依法律關係之性質，當事人之狀況或其他情事可認為不能調解或顯無調解必要或調解顯無成立之望者。
②	經其他法定調解機關調解未成立者。
③	因票據發生爭執者。
④	係提起反訴者。
⑤	送達於他造之通知書，應為公示送達或於外國為送達者。
⑥	金融機構因消費借貸契約或信用卡契約有所請求者。

(三) 當事人聲請調解

不合前開規定事件，當事人也可以在起訴前，向法院聲請調解（民訴§404Ⅰ）；以下就傷害請求損害賠償為例，其聲請書狀的範本如下：

民事　聲請調解　狀

案號：○○　股別：○○

訴訟標的金額或價額：○○

聲請人：○○○　　住居所：○○○○○○

相對人：○○○　　住居所：○○○○○

為請求賠償損害事件，聲請調解

一、調解聲明

　（一）相對人應賠償聲請人新臺幣（下同）○○○元。

（續下頁）

（承前頁）

（二）調解程序費用由相對人負擔。

二、爭議情形

（一）相對人於○○年○○月○○日○○時，在○○○○無故打傷聲請人，導致聲請人○○○○，有醫院診斷證明書可證（證一）。

（二）聲請人為治療所受之傷害，支出醫療費共新臺幣（下同）○○元（證二）；又聲請人受此不法侵害，精神受到嚴重傷害，並請求賠償慰撫金○○元，合計共○○元。惟相對人拒絕給付，為此聲請調解。

此致

○○法院 公鑒

證物名稱及件數：

一、○○醫院診斷證明書正本乙份。

二、○○醫院醫療費用支出收據○張。

具狀人：○○○印

撰狀人：○○○印

中 華 民 國 ○ ○ 年 ○ ○ 月 ○ ○ 日

四 法院調解的效力

調解成立者，與訴訟和解有同樣的效力，也就是等同於確定判決，可以作為強制執行的名義。（民訴§416 I）

如果調解不成立，視同聲請調解時已經起訴。

6 言詞辯論

什麼是言詞辯論？

所謂言詞辯論，當事人在法庭內，為自己的主張說明理由並提出證據，其實也不是真的辯論，主要是針對自己的主張進行綜合的陳述。在通常程序中，法院為了促進效率，都會先由受命法官進行「準備程序」，釐清雙方當事人的爭執點，等到正式開庭時，法院可以針對爭點迅速審理，集中開庭次數，就可以儘速結束。

民事答辯狀

民事訴訟程序好比「你來我往」的形式，原告起訴理由必須讓被告知道，被告在收到起訴狀副本，可以提出民事答辯狀，然後原告還可以再提出補充理由。右頁是提出答辯狀的格式範本：

民事訴訟答辯狀

案號：○○　股別：○○
訴訟標的金額或價額：○○
原告：○○○　　住居所：○○○○○○
被告：○○○　　住居所：○○○○○○

為○○事件，提出答辯事：
聲明
　　一、駁回原告之訴及其假執行之聲請。
　　二、訴訟費用由原告負擔。
　　三、如受不利之判決，願供擔保免予假執行。

答辯事實及理由：
　　一、○○○○○○
　　二、○○○○○○
　　三、原告的主張無理由，請判決如被告之聲明。
此致
○○法院 公鑒
證物名稱及件數：

具狀人：○○○印
撰狀人：○○○印

中　華　民　國　○　○　年　○　○　月　○　○　日

法律小辭典

什麼是假執行？
起訴後、判決確定前，如果第一或二審法院判決主文有宣告假執行，債權人得提存擔保金後，聲請查封債務人的財產或返還房屋等。

三 不爭執，視同自認

　　所謂自認，是指當事人一方對於他方主張不利之事實，在法官面前承認為真正。法庭上常見當事人對於不利於自己的事實，卻沒有適時地加以爭執，例如甲主張乙欠錢未還，可是事實上兩人間並沒有借錢的事實，乙就要表示根本沒有向甲借錢的事實。否則，若不爭執，法院就會認為乙「自認」，對乙非常不利（民訴§280）。因為，如果經過自認的事實，對方就不需要舉證，例如前面甲借錢給乙的案例，如果乙因為不爭執而視同「自認」，甲並不需要舉證（例如借據）證明雙方有借錢的事實，對於乙的影響非常大。

　　　　　　參考法條

【民事訴訟法第280條】

Ⅰ 當事人對於他造主張之事實，於言詞辯論時不爭執者，視同自認。但因他項陳述可認為爭執者，不在此限。

Ⅱ 當事人對於他造主張之事實，為不知或不記憶之陳述者，應否視同自認，由法院審酌情形斷定之。

Ⅲ 當事人對於他造主張之事實，已於相當時期受合法之通知，而於言詞辯論期日不到場，亦未提出準備書狀爭執者，準用第1項之規定。但不到場之當事人係依公示送達通知者，不在此限。

四 一造辯論判決

　　指言詞辯論期日，對方不
來法院，當然就會影響訴訟的
進行，到場的當事人就可以向
法院聲請，不需要都到場，只
需其中一造辯論而為判決（民訴
§385Ⅰ），當然這種判決對於到場者或許會比較有利，但是實務上
也常出現到場者聲請一造判決，但判決結果對到場者不利的情形。

　　第一次不到，是由當事人聲請一造辯論判決；如果再次通知，對
方還是不到場者，不必經由到場的當事人聲請，法院就可以依職權由
一造辯論而為判決。（民訴§385Ⅰ）

　　如果是「簡易訴訟程序」，只要對方不來法院，法院得依職權為
一造辯論判決。（民訴§433-3Ⅰ）

　　如果是「小額訴訟程序」，依法應行調解程序者，如果當事人一
造於調解期日5日前經合法通知卻不到場調解，到場者可以向法院聲
請立即進行訴訟之辯論，法院也可以依據職權為一造辯論判決。（民
訴§436-12）

五 兩造都沒來！？

　　如果雙方當事人都沒有到
場，也沒有正當理由，法院恐怕
也很難判案，這時候就視為「合
意停止訴訟程序」，如果4個月
內不續行訴訟的話，視為撤回其
訴。（民訴§191Ⅰ）

六 辯論終結與再開辯論

(一) 辯論終結

辯論如告終結，則法院必須準備宣判（民訴§210）。判決結果，必須斟酌所調查的證據，以及言詞辯論的結果，然後法官依據自由心證加以裁判（民訴§222 I）。不過，自由心證也不是隨心所欲，還是必須遵守經驗法則，也就是一般社會大眾認為是合理應當的情況。換言之，法院依自由心證判斷事實之真偽，不得違背論理及經驗法則（民訴§222 III）

有必要，
繼續討論。

例如：若宋八力表示有分身，分身可以隨心所欲地在世界各地遊走，剛好看到張錫銘殺人，可以由分身來當證人，這種描述恐怕不符合一般社會的經驗法則；經言詞辯論之判決，應宣示之（民訴§223 I）；不經言詞辯論之判決，應公告之（民訴§235 II）。宣示判決，應於言詞辯論終結之期日或辯論終結時指定之期日為之（民訴§223 II）。

(二) 再開辯論

法院於言詞辯論終結後，宣示裁判前，如有必要得命再開言詞辯論。當事人如果認為還有辯論的必要，可以聲請再開辯論的程序，其聲請狀範本如右頁：

民事聲請再開辯論狀

案號：○○　股別：○○

訴訟標的金額或價額：○○

聲請人：○○○　　住居所：○○○○○○

（即原告或被告）　電話：○○○○○○

為聲請裁定再開言詞辯論事：

一、聲請人與相對人○○○間○○○○事件（鈞院○○年度○字第○○○號），業經貴院於○年○月○日言詞辯論終結並定期宣判。

二、因聲請人已於○月○日找到本件的重要證據○○○○，可資證明聲請人所主張的○○○○○○等情屬實。因此檢附該證據，聲請貴院准予依民事訴訟法第210條規定，命再開言詞辯論。

　此致

○○法院　公鑒

證物名稱及件數：

　　　　　　　　　　　具狀人：○○○印

　　　　　　　　　　　撰狀人：○○○印

　中 華 民 國 ○○ 年 ○○ 月 ○○ 日

① 寫下起訴的案號，法院才知道哪一件訴訟需要聲請訴訟救助。

② 寫下法院何時言詞辯論終結並定期宣判

③ 此一日期需在言詞辯論終結日期之後。

④ 寫下聲請再開辯論的理由，本範例是指有發現新的證據。

7 證據

一 什麼是證據？

　　法院作為公正的第三者，不能單憑自己的喜好來判決，必須要有一定的事證來支持其判決，讓當事人也能心服口服。

　　舉個例子，某甲謊稱某乙欠其 100 萬元，聲請法院判決某乙要還100 萬元，如果某甲提不出任何事證，某乙也否認欠錢的事實，法院當然會判某甲敗訴。反之，若某甲提出某乙簽立之借據，除非某乙能證明是偽造、變造，或已經清償的證明，否則法院會判某甲勝訴。

二 證據的種類

　　證據可以分成人證、物證以及書證三種。

(一) 人證

　　人證主要是人的陳述，對於過去曾經發生過的一段事情，例如車禍事件的目擊者、結婚的證人，或者是契約簽訂時的在場人。

　　例如雙方簽訂以口頭方式和解，現場有員警、里長在場，雖然並沒有簽訂契約，但是契約的成立並不以簽訂契約書為成立的要件，只要雙方的意思達成一致，和解契約書就算成立。這時候就可以請員警或里長作證，證明當時確實有達成口頭上的和解。不過，最好還是有簽訂契約，否則口說無憑，證人又不願無端惹事，說不定會找不到證人來法院作證。

　　如果證人願意到庭作證，也可以向法院聲請通知證人到庭，聲請狀的寫法如右頁範例。

人證訊問示意圖

民事聲請通知證人狀

案號：○○　　股別：○○

訴訟標的：○○

聲請人即原（被）告：○○○　住居所：○○○○

為聲請通知證人到場作證事：

一、聲請人與張三間因○○○○事件，正由貴院
　　以○○年度○字第○○○號審理中。

二、左列證人知悉與案情有重大關係之事項，請
　　准予通知其到場作證。

證人：○○○

住址：○○○

證明事項：○○○

此致　○○地方法院　公鑒

具狀人：○○○印

撰狀人：○○○印

中　華　民　國　○○　年　○○　月　○○　日

① 寫下本案
事件的名稱
以及案號。

② 寫下證人
的 基 本 資
料，讓法院
能 將 證 人 通
知書送達。

③ 詳 細 說 明
證 人 與 本 案
的 關 聯 性，
並 且 說 明 證
人 出 庭 後，
能 夠 證 明 什
麼事情。

(二) 物證

物證是指具有證明一定事實之特定物體。例如殺人犯所使用的槍械、留有指紋的玻璃杯、錄影帶、遭砸毀的車輛等等，都可以作為證明事實的證據。

(三) 書證

書證是以文書的形式存在，例如和解書、股東會議紀錄、公家機關內部開會的決議、電信業者提供的通聯紀錄，都是屬於書證的一種。如果書證是對方或第三人所持有，可以聲請法院命對方或第三人提出。

三 舉證之所在，敗訴之所在

法律界有一句名言：「舉證之所在，敗訴之所在。」這句話的意思是強調證據的重要，如果提不出證明，很容易導致敗訴的結果；反之，如果手中的證據充分，足以支持自己的主張時，就有較大的機會獲得勝訴的結果。

參考法條

【民事訴訟法第277條】

當事人主張有利於己之事實者，就其事實有舉證之責任。但法律別有規定，或依其情形顯失公平者，不在此限。

　　一般民眾往往不知道這個觀念，所以當發生爭執必須透過訴訟解決問題時，才發現在法庭上提不出任何的證據，這是因為台灣欠缺這方面的教育。

　　實際上，若要強化人與人之間的信任關係，透過法律機制明確釐清當事人的權利義務是最好的方式，也不會到頭來翻臉不認帳，好友變仇人。

　　以最常見的契約關係為例，口頭約定固然也算是契約，可是「口說無憑」，還是寫下契約，才是保障自己權益的最好方式。

四 證據偏在

　　假設老闆少給了員工薪水，員工說自己每天準時打卡上班，應該要給付25天的工資，怎麼才給15天；可是出勤紀錄在老闆的手上，員工又該如何舉證呢？

　　這一種證據在老闆手中的情況，員工可以主張請老闆拿出來；如果老闆不拿出來，法院可以認定員工所言為真。

參考法條

【民事訴訟法第342條】

I 聲明書證，係使用他造所執之文書者，應聲請法院命他造提出。

II 前項聲請，應表明下列各款事項：

　　一、應命其提出之文書。

　　二、依該文書應證之事實。

　　三、文書之內容。

　　四、文書為他造所執之事由。

　　五、他造有提出文書義務之原因。

III 前項第1款及第3款所列事項之表明顯有困難時，法院得命他造為必要之協助。

【民事訴訟法第345條】

I 當事人無正當理由不從提出文書之命者，法院得審酌情形認他造關於該文書之主張或依該文書應證之事實為真實。

II 前項情形，於裁判前應令當事人有辯論之機會。

SORRY

8 判決

■ 什麼是判決？

法院作為公正的第三者，不能單憑自己的喜好來判決，必須要有一定的事證來支持其判決，讓當事人也能心服口服。

判決，是法院對於當事人的紛爭，參酌雙方所提出的事證，依據法律見解所作的內容。

本庭當庭判決

■ 怎麼看判決？

判決主要的內容有兩個部分，即「主文」、「事實及理由」。

「主文」的部分，以下舉個簡單的範例如下：

主文	
⊙被告應給付原告新臺幣○○萬元及自民國○年○月○日起至清償日止，按年息百分之○計算之利息。	①最主要的部分，只要看這一段大概就能知道勝、敗的程度，本例中可得知原告全部勝訴，被告應賠償原告○○萬元，而且還可以要求到清償日為止的利息。
⊙訴訟費用由被告負擔。	②由於被告敗訴，所以訴訟費用必須由被告負擔。
⊙本判決於原告以新臺幣○○元供擔保後，得假執行。	③原告在起訴書中，如果有聲請假執行，也願意提供擔保時，法院就可以在主文中表示，只要原告提供擔保，就可以假執行。

「事實及理由」的部分，右頁舉個與判決離婚（惡意離棄）有關的簡單範例：

事實及理由

一、被告未於言詞辯論期日到場，亦未提出書狀作何聲明或陳述，核無民事訴訟法第386條所列各款情形，爰依原告之聲請，由其一造辯論而為判決。

二、原告聲明求為判決：准原告與被告離婚。並主張：兩造於民國○年○月○日結婚，育有1子，不料被告疑似見異思遷，以在外工作為由，常年不在家，且不顧家庭生活，被告仍未履行同居，顯惡意遺棄在繼續狀態中，爰依民法第1052條第1項第5款規定，請求判決離婚。

三、查原告主張之事實，業據其提出戶籍謄本為證，且被告於○年○月○日即經○○地方法院檢察署通緝在案，現仍未緝獲，此有本院依職權調閱被告之全國通緝紀錄表附卷可稽，且被告對於原告主張之事實，已於相當時期受合法之通知，而於言詞辯論期日不到場，亦未提出準備書狀爭執。原告主張之事實，堪信為真實。

四、按夫妻之一方以惡意遺棄他方在繼續狀態中者，得向法院請求離婚，民法第1052條第1項第5款定有明文。查被告並無不能同居之正當理由，多年來卻拒與原告履行同居，已於前述，揆諸前揭規定，原告請求判決離婚，為有理由，應予准許。

五、訴訟費用負擔之依據：民事訴訟法第78條。

如果沒有在言詞辯論期日內到法庭表達意見，法院就可以依據聲請為一造辯論判決。

這一段是法院簡單地說明起訴人當初提出起訴狀的內容重點。

法院認定被告確實惡意離棄的理由與證據，包括通緝在案以及合法通知不到場。

法院認定事實，然後再依據法律進行判決，即依據民法第1052條第1項第5款。

法院針對訴訟費用負擔的法律依據而說明。

📄 判決何時才能確定

「判決」,距離權利的實踐還有一段距離,要等到「判決確定」,才能夠真正地有權利聲請強制執行。所以,什麼時候判決確定是一件重要的事情,下表將告訴你何時可以取得判決確定。

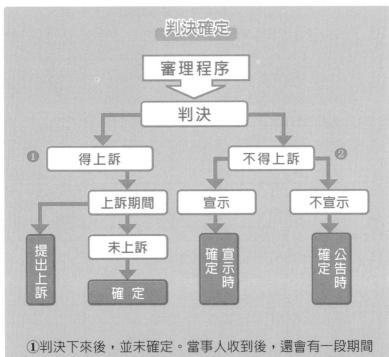

①判決下來後,並未確定。當事人收到後,還會有一段期間可以考慮是否能接受判決的內容;如果不能接受,就必須要在上訴期間內提出上訴,如果雙方當事人都沒有上訴,判決就確定了。

②有些案子是不能上訴的,這類案子若有宣示,則在宣示時就確定;如果沒有宣示,那就是公告時確定。

(民訴§398)

四 聲請判決確定證明書

為什麼要聲請判決確定證明書呢？

因為強制執行必須要依據判決確定證明書，代表法院的判決已經確定了，日後不會就同一事件，而有不同的法院見解。

至於如何聲請，可以參考下列格式，撰寫聲請判決確定證明書狀：

民事聲請判決確定證明書狀

案號：○○○

股別：○○○

訴訟標的金額或價額：○○○

聲請人：○○○　住居所：○○○○○○

為聲請付與判決確定證明書事：

一、聲請人與張三間因○○○○事件，業經貴
　　院以○○年度○字第○○○號判決確定。

> ① 寫下本案事件的名稱以及案號。

二、依民事訴訟法第399條第1項規定，聲請貴
　　院付與該判決確定證明書。

> ② 照著這一段話寫，即可。

此致

○○地方法院 公鑒

具狀人：○○○印

撰狀人：○○○印

中　華　民　國○○年○○月○○日

如果是法院裁定的事件，也可以向法院聲請判決確定證明書，以維護自身權益。此類訴狀的寫法，與前述「民事聲請判決確定證明書狀」之寫法類似，只要將「判決」改成「裁定」即可。以下是參考範例：

　　　　　　　民事聲請裁定確定證明書狀

案號：○○○　　　股別：○○○

訴訟標的金額或價額：○○○

聲請人：○○○　　住居所：○○○○○○

為聲請付與裁定確定證明書事：

一、聲請人與張三間因○○○○事件，業經貴院
　　以○○年度○字第○○○號裁定確定。

① 改成裁定

二、依民事訴訟法第399條第1、4項規定，聲請
　　貴院付與該裁定確定證明書。

② 也改成裁定，並增加第4項規定。

此致

○○地方法院　公鑒

　　　　　　　具狀人：○○○印

　　　　　　　撰狀人：○○○印

中　華　民　國○○年○○月○○日

9

假執行

■ 什麼是假執行？

前面第二章曾經介紹「假扣押」，讀者應該還記得假扣押的目的是防止對方脫產，但不能拍賣財產。例如將債務人名貴的腳踏車扣住，不讓債務人私下將腳踏車賣掉，但是假扣押是暫時性措施，也還不能透過法院程序把腳踏車賣掉。

回憶過假扣押的概念，再來談談「假執行」是什麼呢？

「假」字類似「先」、「暫時」字。強制執行通常須等到確定判決後，有時候緩不濟急，因為第一審判決還可以提出上訴，所以離判決確定還有一段時間，為了避免訴訟拖延，導致起訴人的損害，所以透過假執行的程序，得先行強制執行以實現判決內容之程序。例如先將債務人的腳踏車賣掉，以換取現金。

■ 假執行的種類

㈠ 依據當事人的聲請

從比較白話的方式說明，原告擔心被告跑掉，最後拿不到錢，所以向法院說明理由，請求法院在判決中同意假執行，如果沒有說明理由，也可以在提供一定的擔保後，趕緊查封被告的財產，然後再透過法院拍賣程序，把被告的財產賣掉換錢，讓債權能獲得滿足。

如果法院同意原告假執行後，對方不想要被假執行，則必須要提供全額擔保，才能免為假執行。

假執行的種類

假執行

當事人聲請｜職權宣告

雖然還沒有勝訴，但怕日後不能執行造成嚴重損害，請法院准予假執行。

(二)法院依職權宣告假執行

在某些案件中，當事人或許會很奇怪，起訴的時候又沒有主張假執行，為何勝訴判決的內容卻加入下列這一段話，表示可以假執行：

「本判決得假執行。但被告如以新臺幣○○萬元為原告預供擔保，得免為假執行。」

實際上，這是法院依據法律規定，職權上一定要做的假執行宣告（民訴§389）。接下來就有個問題了，當事人看到具有這種內容的法院判決，該怎麼辦呢？

基本上，有兩種選擇：

1.如果當事人想在判決確定前進行強制執行，那就可以進行強制執行的程序。

2.如果要等到判決確定後再說，那就什麼都不必做。

法律小辭典

依職權宣告假執行有哪幾種？

A. 本於被告認諾所為之判決。

B. 就第427條第1~4項訴訟適用簡易程序所為被告敗訴之判決。

C. 所命給付之金額或價額未逾新臺幣50萬元之判決。

（民訴§389）

三 假執行怎麼聲請？

假執行也是須依據強制執行法的規定，進行假執行，相關內容可參閱本書第六章「強制執行」的內容。

原已聲請假扣押者，可以依據假執行裁判文書，向原假扣押之法院執行處，聲請調卷執行假執行。

10 裁判費用

民事訴訟事件裁判費徵收核算對照表		
		單位：新臺幣

參考法條：民訴§77-13、77-16、77-27

因財產權起(上)訴	第一審	第二、三審
10萬元以下	1,000元	1,500元
超過10萬～100萬元	110元 ／ 每萬元	165元 ／ 每萬元
超過100萬～1000萬元	99元 ／ 每萬元	148.5元 ／ 每萬元
超過1000萬～1億元	88元 ／ 每萬元	132元 ／ 每萬元
超過1億元～10億元	77元 ／ 每萬元	115.5元 ／ 每萬元
超過10億元	66元 ／ 每萬元	99元 ／ 每萬元

＊其畸零之數不滿萬元者以萬元計算。

參考法條：民訴§77-14、77-16

非因財產權起(上)訴	第一審	第二、三審
	3,000元	4,500元

參考法條：民訴§77-17

再審之訴	按起訴法院之審級，依第77-13、77-14及77-16條規定徵收	
聲請再審	第一審	第二、三審
	1,000元	1,000元

參考法條：民訴§77-19

聲請事件	第一審	第二、三審
聲請參加訴訟或駁回訴訟	1,000元	1,000元
聲請回復原狀		1,000元
起訴前聲請證據保全		―
聲請發支付命令	500元	―
聲請假扣押、假處分或撤銷假扣押、假處分裁定	1,000元	1,000元
聲請宣告禁治產或撤銷禁治產		―
聲請公示 告、除權判決或宣告死亡		―

聲 請 調 解

單位：新臺幣

參考法條：民訴§77-20	
標的金(價)額	徵收聲請費
未滿10萬元	免徵
10萬元以上～未滿100萬元	1,000元
100萬元以上～未滿500萬元	2,000元
500萬元以上～未滿1,000萬元	3,000元
1,000萬元以上	5,000元
非財產事件	免徵

聲 請 強 制 執 行

單位：新臺幣

參考法條：強執§28-2、民訴§77-27		
財產權案件 聲請強制分配 / 聲明參與分配	標的金(價)額	徵收聲請費
	未滿5,000元 / 債權憑證	免徵
	5,000元以上	千分之8
	備註：畸零之數未滿百元者以百元計算	
非財產權案件		3,000元

其實很簡單，別
讓權利睡著了！

第五章

上訴

對原判決不服，可以透過上訴程序來救濟。

本章節主要是讓你認識上訴的基本流程、知道怎麼撰寫上訴的訴狀和瞭解再審的程序。

認識上訴

一 上訴的意義

(一) 什麼是上訴？

◎你滿意一審法院的判決嗎？

◎你是不是質疑第一審判決的正確性？

◎如果第一審法院判決對你不利的話，該如何救濟呢？

當你有這些情況時，就要透過上訴的程序，說不定第二審判決的結果對自己有利喔！

上訴的程序，跟第一審的程序實際上差不多，原則上相關事證儘量在第一審提出，不要拖到第二審敗訴判決時才驚覺事態嚴重，後悔莫及。

第一審若不幸敗訴，而想在第二審獲得較有利的判決結果，往往要提出更有利之法律見解或找出對自己更有利之證據，否則在第二審想翻身是比較困難的。

本文將教你上訴過程中最重要的基本概念，包括撰寫上訴狀，在本章都有完整的說明。

一審敗訴了！怎麼辦？

上訴時記得準備更多的證據喔！

認識審級的制度

上訴到底能有幾次？這是很多人常問的問題，這個問題牽涉到審級制度：

	通常訴訟	簡易訴訟	小額訴訟
一審	地方法院	地方法院簡易庭(獨任法官)	地方法院簡易庭
二審	高等法院	地方法院合議庭	地方法院合議庭 (法律審) ❸
三審	最高法院 ❶	最高法院 ❷	

註：何種訴訟屬於「簡易訴訟」及「小額訴訟」，在前一章「起訴」中有清楚的介紹。

❶ 通常訴訟之第二審判決，有以下不得上訴第三審之限制：

　　⑴如係財產權之訴訟，其上訴所得受之利益，不逾新臺幣100萬元者，不得上訴(民訴§466Ⅰ)，但司法院已經將上訴利益額增加至150萬，故不逾新臺幣150萬元者，不得上訴。

　　⑵對於第一審判決，或其一部未經向第二審法院上訴，或附帶上訴之當事人，對於維持該判決之第二審判決，不得上訴。(民訴§465)

　　⑶非以原判決違背法令為前提。(民訴§467)

❷ 簡易訴訟欲上訴最高法院的限制：

　　⑴上訴利益超過150萬元；

　　⑵僅能以適用法規顯有錯誤為理由。(民訴§436-2Ⅰ)

　　⑶須經原裁判法院之許可(民訴§436-3Ⅰ)

❸ 小額訴訟必須要以違背法令為理由，才可以上訴。(民訴§436-24Ⅱ)

2 撰寫上訴狀

一 上訴狀的基本格式

◎ 上訴狀主要可以分成幾個部分（如右頁）：

　　不過因為上訴有期間的限制，有時候上訴理由來不及寫清楚，可以先遞「民事聲明上訴狀」，此種訴狀只是說明不服原判決，而要上訴的意思，如以下範例：

民事 上訴 狀

案號：○○

股別：○○

訴訟標的：○○

上訴人：○○○　　住居所：○○○○○○

被上訴人：○○○　　住居所：○○○○○○

為聲明上訴事：

上訴人不服臺灣○○法院○○年度○○字第○○
號○○事件的判決，特於法定期間內提起上訴，
除另狀補提理由外，謹先聲明如上。

　此　致

○○法院轉送

○○法院　公鑒

證物名稱及件數：

　　　　　　　　具狀人：○○○印

　　　　　　　　撰狀人：○○○印

中　華　民　國　○　○　年　○　○　月　○　○　日

> 寫下不服判決的法院名稱與判決字號。

> 理由另外補提，本上訴狀只聲明提起上訴。

民事 上訴 狀

案號：○○
股別：○○
訴訟標的：○○
上訴人：○○○　　住居所：○○○○○○
被上訴人：○○○　　住居所：○○○○○○

為不服臺灣○○法院○○年度○字第○○○號
○○○○事件的判決，謹於法定期間內提起上
訴，並敘述上訴之聲明及理由如下：

上訴之聲明
一、○○○
二、○○○

上訴理由
一、○○○
二、○○○

此　致

○○法院轉送
○○法院　公鑒

證物名稱及件數：

具狀人：○○○印

撰狀人：○○○印

中　華　民　國　○○　年　○○　月　○○　日

寫出對於哪一個判決結果不服，在這裡要寫下判決字號。

聲明要寫出上訴的主要之訴求，有關於上訴聲明寫法，請參照第154至157頁。

這裡寫出訴求的理由。

以前的訴狀內容大部分都是填「此致○○地方法院」，為何這邊的寫法不太一樣呢？很簡單，因為上訴第二審必須經由地方法院轉送，所以若是第一審法院為「板橋地方法院」，第二審為「高等法院」，寫法是「此致　臺灣板橋地方法院轉送　臺灣高等法院公鑒」。

民事聲明上訴狀送至法院後，要立即想想看聲明及理由是什麼，然後以下列格式，儘速將你的上訴聲明理由送至法院：

民事 上訴 狀

案號：○○

股別：○○

訴訟標的：○○

上訴人：○○○　　住居所：○○○○○○

被上訴人：○○○　　住居所：○○○○○○

爲不服臺灣○○法院○○年度○字第○○○號○○事件的判決，業經聲明上訴在案，現補提上訴之聲明及理由如左：

上訴之聲明

一、○○○

二、○○○

三、○○○

上訴理由

一、○○○

二、○○○

三、○○○

此　致

○○法院轉送

○○法院　公鑒

證物名稱及件數：

　　　　　　　具狀人：○○○印

　　　　　　　撰狀人：○○○印

中 華 民 國 ○ ○ 年 ○ ○ 月 ○ ○ 日

說明之前已經提出上訴的聲明，本訴狀主要是補提上訴的理由。

必須特別注意的一件事，提起上訴時，應按提起上訴之對造提出繕本，也就是上訴狀除了給法院外，還要多印一些，給對造當事人各一份。

注意「上訴期間」

第一審法院判決後，如果結果不利於己，就必須在法定的上訴期間內依法提起上訴。

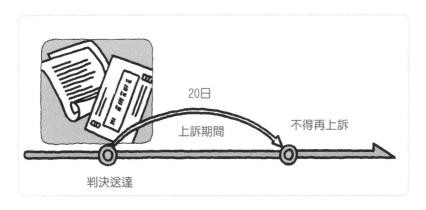

特別要注意的一點，必須要在從判決「送達」後的20天內提起上訴，否則就不能再提起了。

這20天的計算也要特別小心，一不注意上訴期間可能一下子就過去了，到時無法上訴，可就無語問蒼天了（民訴§440）。

例如家人轉交判決書給你的時候，送達之日是從家人收到時起算，而不是轉交給你時起算。如果家人忘記了，或者是家人遠在南部，工作忙碌無法回去拿判決書，20天很容易就逾期。

三 如何知道對方有沒有上訴？

　　一審判決勝訴後，對方若不
服判決內容，可以向法院聲請上
訴，並繳納裁判費，通常法院都
會受理。

　　如果想知道對方是否有上
訴，可以打電話至法院問承辦股
書記官，就可以得知對方是否有
上訴。

　　或許想進一步問，要怎麼與書記官聯絡？可以打電話到本案法院
的總機，然後相關法院公文書上應該都有載明股別，直接請總機轉到
該股別的書記官即可。

四 對方上訴時，我該如何答辯？

　　收到對方上訴狀的內容時，必須分析對方的上訴聲明及理由，找
出反擊對方的論點，並透過答辯狀進行雙方爭執點的攻擊防禦。

以下提供簡單的答辯狀範本，瞭解一般答辯狀的寫法：

民 事 答 辯 狀

案號：○○

股別：○○

訴訟標的：○○

上 訴 人：○○○　住居所：○○○○○○

被上訴人：○○○　住居所：○○○○○○

爲上開當事人間○○○事件，依法提出答辯書狀事：

答辯聲明

一、上訴駁回。

二、第二審訴訟費用由上訴人負擔。

三、如受不利判決，願供擔保，請准免爲假執行之宣告。

事實及理由

一、○○○

二、○○○

三、○○○

此　致

○○法院轉送

○○法院　公鑒

證物名稱及件數：

具狀人：○○○印

撰狀人：○○○印

中 華 民 國 ○ ○ 年 ○ ○ 月 ○ ○ 日

首先要表明對方上訴是沒有理由，所以希望法院將對方的上訴加以駁回。

若第一審訴訟費用已經由對造所負擔了，只需要聲明第二審訴訟費用由上訴人負擔，而不必再聲明第一審的訴訟費用。

提供你認為應將對方上訴加以駁回的事實以及理由。

五 撤回上訴時

當事人間可能因為一些因素，不願意繼續打官司，故會撤回上訴，例如雙方當事人業經和解，或自己認為上訴無望，徒增時間的浪費等，右頁提供撤回上訴狀之範本。

◎ 注意事項

必須特別注意的部分，撤回上訴者，喪失其上訴權。因此，在撤回上訴前必須謹慎考慮。（民訴§459Ⅲ）

常有當事人假裝要和解，要求先撤回上訴，結果一撤回上訴，對

方馬上翻臉不認帳，和解契約書也還沒簽訂，最後什麼都要不到了。

　　所以，若是因為和解等因素而考慮撤回時，以金錢為標的者要以入袋為安為前提，否則至少也要透過前文所介紹訴訟和解等機制，具有與判決相同的效力，才可以撤回。

民事　撤回上訴　狀

> 標題寫下「撤回上訴」狀。

案號：○○

股別：○○

訴訟標的：○○

上　訴　人：○○○　　住居所：○○○○○○

被上訴人：○○○　　住居所：○○○○○○

為撤回上訴事：

一、上訴人因不服臺灣○○法院○○年度○字第○○○號○○○○事件，業經提起上訴，由貴院受理，但尚未為終局判決。

> 寫下不服而上訴的判決字號。

二、依民事訴訟法第459條第1項規定，撤回本件上訴。

此致

○○地方法院　公鑒

證物名稱及件數：

> 寫下民事訴訟法撤回上訴的法律依據。（民訴§459 I：「上訴人於終局判決前，得將上訴撤回。」）

具狀人：○○○

撰狀人：○○○

中　華　民　國　○○　年　○○　月　○○　日

3

上訴之聲明

一 什麼是上訴之聲明

如果你有參加過國家考試，或者是你曾經發文給他人過，就應該知道公文的格式，基本上一般公文的格式主要有「主旨」及「說明」二個部分。

法律小知識

上訴之聲明 ————→ 主旨
上訴之理由 ————→ 說明

上訴之聲明就好比是公文的「主旨」部分，也就是用很精簡的語詞，讓法院可以清楚地瞭解你的訴求；上訴理由就好比是公文的「說明」部分，詳細地訴說事情的原委。

二 上訴之聲明的寫法

上訴之聲明也有慣用的寫法，以下將以簡單的方式，讓讀者能在最短的時間內學會基本的寫法。

寫法很簡單喔～

㈠ 如果是原告提出上訴

⊙第一審全部敗訴的情況：

民事 上訴 狀

（案號、股別、訴訟標的、當事人資料等：略）

為不服臺灣○○法院○○年度○字第○○○號○○○○事件的判決，謹於法定期間內提起上訴，並敘述上訴之聲明及理由如下：

上訴之聲明

一、原判決之宣告廢棄。

二、被上訴人應給付上訴人新臺幣○○萬元，及自起訴狀繕本送達翌日起迄清償日止，按週年利率百分之○計算之利息。

三、第一、二審訴訟費用由被上訴人負擔。

四、願供擔保，請准宣告假執行。

（以下略）

⊙第一審一部勝訴，一部敗訴：

民事 上訴 狀

（案號、股別、訴訟標的、當事人資料等：略）

為不服臺灣○○法院○○年度○字第○○○號○○○○事件的判決，謹於法定期間內提起上訴，並敘述上訴之聲明及理由如下：

上訴之聲明

一、原判決<u>不利益於上訴人部分</u>廢棄。

二、被上訴人應給付上訴人新臺幣○○萬元，及自起訴狀繕本送達翌日起迄清償日止，按週年利率百分之○計算之利息。

三、第一審廢棄部分及第二審之訴訟費用由被上訴人負擔。

四、願供擔保，請准宣告假執行。

（以下略）

(二) 如果是被告提出上訴

⊙第一審全部敗訴的情況：

民事 上訴 狀

（案號、股別、訴訟標的、當事人資料等：略）

為不服臺灣○○法院○○年度○字第○○○號○○○○事件的判決，謹於法定期間內提起上訴，並敘述上訴之聲明及理由如下：

上訴之聲明

一、原判決之宣告廢棄。

二、被上訴人在第一審之訴駁回。

三、第一、二審訴訟費用由被上訴人負擔。

　（以下略）

⊙第一審一部勝訴，一部敗訴：

民事 上訴 狀

（案號、股別、訴訟標的、當事人資料等：略）

為不服臺灣○○法院○○年度○字第○○○號○○○○事件的判決，謹於法定期間內提起上訴，並敘述上訴之聲明及理由如下：

上訴之聲明

一、原判決關於命上訴人給付部分及該部分假執行之宣告均廢棄。

二、上開廢棄部分，被上訴人在第一審之訴及假執行之聲請均駁回。

三、上開第一審廢棄部分及第二審之訴訟費用由被上訴人負擔。

　（以下略）

◎ 注意事項

實務上，上訴之聲明要能寫到完全正確，對於一般民眾屬於不可能的任務。因此，只要參照上面的情況，寫得差不多，基本上法官並不會要求一定要100%的正確，只要能瞭解當事人的意思即可。

三 廢棄原判決、發回原法院

蔡英文博士論文真偽的政治議題也浮上了法院，彭文正告蔡英文「博士論文不存在」，一審臺北地方法院認為蔡英文是否具有博士學位，並非法律關係，不得作為民事訴訟確認標的，駁回彭所提之訴；彭某當然提出上訴，高院於2021年1月開庭後直接廢棄一審判決，將全案發回臺北地方法院。

很多人看到媒體報導就講勝訴、敗訴，結果發現並不是，而是訴訟程序上有重大瑕疵而廢棄原判決、發回原法院（民訴§451 I）。

參考法條

【民事訴訟法第451條】

I 第一審之訴訟程序有重大之瑕疵者，第二審法院得廢棄原判決，而將該事件發回原法院。但以因維持審級制度認為必要時為限。

II 前項情形，應予當事人陳述意見之機會，如兩造同意願由第二審法院就該事件為裁判者，應自為判決。

III 依第1項之規定廢棄原判決者，其第一審訴訟程序有瑕疵之部分，視為亦經廢棄。

4 上訴第三審

一 上訴第三審的要件

> **上訴第三審的理由：原判決違背法令**
> (參考民訴§467)
>
> ⬇
>
> **判決不適用法規或適用不當者**
> (參考民訴§468)

　　簡單來說，必須是前審的判決違背法令才可以上訴第三審。什麼是判決違背法令？就是指法院為判決時，不依法判決，或適用法規並不適當。

　　有下列各款情形之一者，其判決當然為違背法令：(民訴§469)

編號	聲請返還的類型
①	判決法院之組織不合法者。
②	依法律或裁判應迴避之法官參與裁判者。
③	法院於權限之有無辨別不當或違背專屬管轄之規定者。
④	當事人於訴訟未經合法代理者。
⑤	違背言詞辯論公開之規定者。
⑥	判決不備理由或理由矛盾者。

■ 飛躍上訴

除了必須要原判決違背法令才可以作為第三審上訴的理由外，還有一種上訴蠻特別的，就是第一審終局判決不服，直接跳過第二審上訴程序向第三審提起上訴，也就是說只要雙方同意，就可以放棄第二審的審級利益；假設是一場賭局，法官怎麼判如同拿牌一樣充滿不確定性，三個審級就好比是發三次牌，有三個翻盤機會，而放棄一個審級利益，就好比是雙方講好只發兩次牌的概念。

參考法條

【民事訴訟法第466-4條】
Ⅰ 當事人對於第一審法院依通常訴訟程序所為之終局判決，就其確定之事實認為無誤者，得合意逕向第三審法院上訴。
Ⅱ 前項合意，應以文書證之，並連同上訴狀提出於原第一審法院。

飛躍上訴——從第一審到第三審

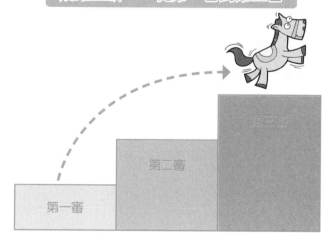

三 一定要請律師嗎？

第三審因為是法律審，並不審理事實的部分，所以上訴第三審一定要由律師擔任「訴訟代理人」。簡單來說，一定要花錢聘請律師代為打官司。（民訴§466-1）。

四 訴訟費用之一部

第三審律師之酬金，為訴訟費用之一部，並應限定其最高額（民訴§466-3 I）。調查證據之結果，應曉諭當事人為辯論。（民訴§297 I）

法律小辭典

Q：沒錢請律師怎麼辦？

A：可以聲請訴訟救助，向第三審法院聲請幫忙選任律師為訴訟代理人（民訴§466-2）。

如果之前就有聲請訴訟救助，通常最高法院會選任律師為聲請人的訴訟代理人。如果之前都有繳裁判費，突然要聲請訴訟救助，就必須要解釋清楚為什麼突然沒有資力繳納訴訟費及選任律師。

5 再審

▌ 什麼是再審？

上面分別介紹了三審的制度，最後法院會有個終局確定的判決。通常雙方的法律關係因此而確定。

可是，對於這個確定判決，你可能還是不服氣，難道就沒有機會挽救了嗎？

實際上當然還有機會，就是「再審」。

可以聲請再審的情況並不多，基本上有下列13種情形：

編號	聲請再審的類型
①	適用法規顯有錯誤者。
②	判決理由與主文顯有矛盾者。
③	判決法院之組織不合法者。
④	依法律或裁判應迴避之法官參與裁判者。
⑤	當事人於訴訟未經合法代理者。
⑥	當事人知他造之住居所，指為所在不明而與涉訟者。但他造已承認其訴訟程序者，不在此限。
⑦	參與裁判之法官關於該訴訟違背職務犯刑事上之罪者，或關於該訴訟違背職務受懲戒處分，足以影響原判決者。
⑧	當事人之代理人或他造或其代理人關於該訴訟有刑事上應罰之行為，影響於判決者。
⑨	為判決基礎之證物係偽造或變造者。

（續下頁）

（承前頁）

編號	聲請再審的類型
⑩	證人、鑑定人、通譯、當事人或法定代理人經具結後，就為判決基礎之證言、鑑定、通譯或有關事項為虛偽陳述者。
⑪	為判決基礎之民事、刑事、行政訴訟判決及其他裁判或行政處分，依其後之確定裁判或行政處分已變更者。
⑫	當事人發現就同一訴訟標的在前已有確定判決或和解、調解或得使用該判決或和解、調解者。
⑬	當事人發現未經斟酌之證物或得使用該證物者。但以如經斟酌可受較有利益之裁判者為限。

■ 再審期間

再審之訴，應於30日之不變期間內提起。

30日之不變期間，應自判決確定時起算，判決於送達前確定者，自送達時起算；其再審之理由發生或知悉在後者，均自知悉時起算。但自判決確定後已逾5年者，不得提起。（民訴§500）

審判長如認證人非有準備不能為證言者，應於通知書記載訊問事項之概要。（民訴§299Ⅱ）

■ 撰寫民事再審之訴狀

通常打到再審時，已經非常複雜了，往往需要律師的協助。

首先舉個簡單的例子，如果發生前面第13種的情況，該怎麼寫呢？可以參考次頁的範例。

小華(再審原告)向大明借錢(再審被告),雙方簽有借據,小華還了錢但是沒把借據拿回來,結果大明想要多撈一筆錢,居然向法院起訴,要求小華還錢,小華百口莫辯,遭法院判決敗訴。

判決確定後,小華才發現大明曾經寫信給他,說已經收到小華還他的錢,只是借據一時沒找到,所以沒將借據還給小華。

民事 再審之訴 狀

案號:○○
股別:○○
訴訟標的:○○
再審原告:小華　　住居所:○○○○○○
再審被告:大明　　住居所:○○○○○○

為依法提起再審之訴事:
訴之聲明
一、原確定判決廢棄,駁回再審被告之訴。
二、再審及前審訴訟費用均由再審被告負擔。

事實及理由

(續下頁)

（承前頁）

一、再審原告前與再審被告大明間清償債務事件，經貴院於民
　　國○○年○月○日，以○○年度○字第○○○號判決確
　　定，命再審原告償還大明新臺幣20萬元。判決理由是以
　　再審原告雖稱所欠借款，早經清償在案，但大明提出借據
　　爲憑，再審原告並不否認借據的眞實，惟因無從提出其
　　他足以證明清償的證據等情，僅能以言詞主張清償後忘記
　　將借據收回。因此，原法院即爲不利再審原告的認定。

二、而迄今事隔6月，再審原告於近日在書籍內尋獲夾藏其中
　　的信件，是大明當時寄予再審原告的信函，信中略謂：
　　「償還的款項20萬元，業已如數於○年○月○日查收，當
　　初開立借據因一時尋覓不著，暫時無法返還」等語。核其
　　收款日期，與再審原告主張的還款日期相同，足證該債務
　　早經消滅，也可證明大明重複要求本人償還債務。今既發
　　現上述新證據，自難甘服前開確定判決。

三、檢附上開信函一件，依民事訴訟法第496條第1項第13款
　　規定，對該確定判決提起再審之訴，請貴院鑒核，判決如
　　訴之聲明。

此致
○○法院　　　　　　公鑒

證物名稱及件數：

　　　　　　　　　　　　　具狀人：○○○印
　　　　　　　　　　　　　撰狀人：○○○印

中　華　民　國　○○　年　○○　月　○○　日

（參考資料來源：司法院網站）

　　民事再審之訴狀必須具備下列要件，配合下列格式，把前面的案例重新改寫成另外一種形式：

編號	再審訴狀應具備之要件
①	當事人及法定代理人。
②	聲明不服之判決及提起再審之訴之陳述。
③	應於如何程度廢棄原判決及就本案如何判決之聲明。
④	再審理由。
⑤	關於再審理由並遵守不變期間（30日）之證據。

民事 再審之訴 狀

案號：○○

股別：○○

訴訟標的金額或價額：○○

再審原告：小華　　住居所：○○○○○○

再審被告：大明　　住居所：○○○○○○

為不服原確定（○○年度○○字第○○號）判決依法提起再審之訴事，謹將事項表明如次：

一、應如何廢棄原判決及就本案應如何判決之聲明請求判決如下：

　　⑴原判決關於命被告（即再審原告）連帶給付原告（即再審被告）新臺幣○○元並自民國○年○月○日起至清償

（續下頁）

（承前頁）

　　日止按法定利率百分之○計算之利息，及該部分訴訟費
　　用暨假執行均廢棄。

⑵上開廢棄部分再審被告（即原告）之訴及該部分假執行
　之聲請均駁回。

⑶再審及前審訴訟費用由再審被告負擔。

二、再審理由

⑴本件再審原告曾因向再審被告借款新臺幣（下同）20萬
　元，並已於○年○月○日還款，惟因過於信賴對方，未
　立清償證明，亦未將原借據取回。再審被告竟然持借
　據，據以起訴請求還款，再審原告雖未爭執借據之真
　實，惟因無從提出其他足以證明清償的證據等情，僅能
　以言詞主張清償後忘記將借據收回。因此，原法院即為
　不利再審原告的認定，合先敘明。

⑵再審原告於前日在書籍內偶然發現夾藏其中的信件，是
　大明當時寄予再審原告的信函，信中略謂：「償還的款
　項20萬元，業已如數於○年○月○日查收，當初開立借
　據，因一時尋覓不著，暫時無法返還」等語。

⑶按民法第309條規定：「依債務本旨，向債權人或其他有
　受領權人為清償，經其受領者，債之關係消滅。」再審
　被告既曾以信函為本人業已清償之意思表示，足證債之
　關係消滅，自不得另行起訴請求再審原告償還借款20萬
　元，是依法得以提出再審。

⑷民事訴訟法第496條第1項第13款規定：「當事人發現
　未經斟酌之證物或得使用該證物者。但以如經斟酌可受
　較有利益之裁判者為限。」今再審原告既發現再審被告
　先前寄送之信件，而此信件之內容亦可導致有利益之判
　決，自可據此提起再審之訴。

（續下頁）

三、遵守再審期間之證據

　　⑴按再審之訴，應於30日之不變期間內提起，前項期間自
　　　判決確定之時起算，但再審之理由知悉在後者，自知悉
　　　時起算，為民事訴訟法第500條定有明文。

　　⑵迄今事隔6月，本人於○年○月○日始於書籍內偶然發現
　　　夾藏其中之信件，故再審之理由知悉在後，30日之不變
　　　期間，應自知悉時起算。本件再審理由係知悉在後，符
　　　合前條有關提出再審期間之規定。

綜上再審事實理由謹檢同證據狀請　鈞長鑒核賜准判決如聲
明，以符法紀，實感德便。

　謹　狀

　○○地方法院民事庭　公鑒
　證物名稱及件數：

　　　　　　　　　　　　　　具狀人：○○○印
　　　　　　　　　　　　　　撰狀人：○○○印

　中　華　民　國　○○　年　○○　月　○○　日

（參考資料來源：司法院網站）

第六章

強制執行

強制執行是實踐權利的最後一道法程序，熟悉此一過程將有助於滿足債權的實踐。

本書將讓你認識什麼是強制執行、知道如何進行強制執行，以及瞭解本票裁定的程序等。

1 認識強制執行

一 強制執行的意義

債權人取得執行名義後,如果債務人不自動履行,則經由債權人向法院聲請,透過國家公權力的協助,達到滿足債權的目的,稱之為強制執行。

除了假扣押、假處分外,強制執行之標的有很多種,只要是可以變現、滿足債權者皆屬之,以下表顯示其體系:

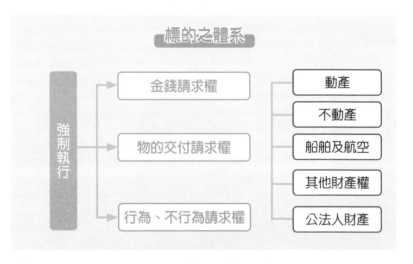

上表中,比較常聽到的是金錢請求權,例如欠錢不還,經法院判決對方敗訴,就可以查封拍賣對方的動產、不動產、查扣薪資,本章將針對較為常見的類別加以介紹。

🈔 什麼是「執行名義」？

強制執行債權人須先取得執行名義，執行名義之種類如下，分別為：

① 確定之終局判決。

② 假扣押、假處分、假執行之裁判及其他依民事訴訟得為強制執行之裁判。

所謂其他依《民事訴訟法》得為強制執行之裁判。

◎例如：支付命令、確定訴訟費用之裁定等。

③ 依《民事訴訟法》成立之和解或調解。

④ 依《公證法》規定得為強制執行之公證書。

⑤ 抵押權人或質權人，聲請拍賣抵押物或質物，經法院為許可之裁定。

⑥ 其他依法律之規定，得為強制執行名義者。

◎例如：本票裁定強制執行、非訟事件費用之裁定、仲裁判斷等。

（強制執行法 §4 I）

你持有上述的執行名義嗎？如果有的話，請參照本章的介紹，也可以 step by step 地自行辦理強制執行的聲請。前項情形，依其最低金額適用訴訟程序。（民訴 §244 IV）

2 調查財產

一 常見的調查財產方式

調查財產是強制執行程序中最重要的一部分，如果對方沒有財產，可能最後只能得到債權憑證，勝訴也只是空歡喜一場。

至於常見的調查財產程序有哪些呢？

編號	方式	可調閱的方向
①	向國稅機關調閱	可調閱「綜合所得稅各類所得資料清單」、「財產歸屬資料清單」。
②	聲請調查債務人財產	由法院行文調閱債務人在相關機關中的財產狀況資料，例如向監理所調閱債務人名下擁有什麼車子。
③	命令債務人報告財產狀況	如果債務人刻意隱藏財產，這時候就可以請法院出面，命令債務人將自己的財產狀況一五一十地說明清楚，例如藏在山上的哪一個角落，車子停在哪裡。

參考法條

【強制執行法第20條】

Ⅰ 已發見之債務人財產不足抵償聲請強制執行債權或不能發現債務人應交付之財產時，執行法院得依債權人聲請或依職權，定期間命債務人據實報告該期間屆滿前1年內應供強制執行之財產狀況。

Ⅱ 債務人違反前項規定，不為報告或為虛偽之報告，執行法院得依債權人聲請或依職權命其提供擔保或限期履行執行債務。

Ⅲ 債務人未依前項命令提供相當擔保或遵期履行者，執行法院得依債權人聲請或依職權管收債務人。但未經訊問債務人，並認其非不能報告財產狀況者，不得為之。

聲請調查債務人財產

債務人的某些財產狀況，債權人無法自行調閱，可以藉由寫訴狀的方式，聲請法院幫忙調查，惟因為債務人本可持債權憑證繳納查詢費用，向稅捐單位查詢債務人財產狀況，故聲請法院調查時，法院會酌收查詢費用，提供以下範本作為參考：

民事 聲請調查債務人財產 狀

案號：○○

股別：○○

訴訟標的金額或價額：○○

聲請人即債權人：○○○ 住居所：○○○○○○

債　務　人：○○○ 住居所：○○○○○○

（續下頁）

（承前頁）

為聲請調查債務人財產事：

一、聲請人即債權人與債務人○○○間清償債務事件，業經鈞院以○○年度○○字第○○○號執行。

二、聲請人因……（具體表明為何請求法院查詢債務人財產的原因），為此請求 鈞院向稅捐機關（或其他所要查詢機關、團體的名稱）調查債務人的財產狀況，以利執行。

謹 狀

○○○○地方法院民事執行處 公鑒

證物名稱及件數：

具狀人：○○○印

撰狀人：○○○印

中 華 民 國 ○ ○ 年 ○ ○ 月 ○ ○ 日

三 命令債務人報告財產狀況

民事 聲請命查報財產 狀

股別：○○

訴訟標的金額或價額：○○

聲請人及債權人：○○○ 住居所：○○○○○

債務人：○○○ 住居所：○○○○○

為聲請迅准命令債務人報告財產狀況，以資執行拍賣清償欠款事：

聲請人與債務人因清償債務執行事件，業經 貴

右欄文字：

個人財產的狀況也算是隱私權保障的一種，債權人須將請求法院查詢債務人財產的原因說明清楚，法院才具備向有關機關調閱資料的正當性。

可能是勞（健）保資料，或者是銀行有無保險箱，有沒有 買基金等。

本範例中，當事人曾經聲請法院強制執行，法院派員執行時，居然發現原本存在的動產（像是電視、冰箱、電話等具有價值的物品）全都不見了，顯然當事人有意隱匿這些動產，既然查封不到動產，當然就無法進而拍賣變價，對於債權人的影響相當大。

（續下頁）

（承前頁）

院以○○年度○字第○○○號執行。於○月○日派員前往執行時，發現債務人原有電視、冰箱等產隱匿他處，意圖逃避執行，致使聲請人將受不能受償的損害。為明瞭債務人究竟有無財產可供執行，請立即准許命令債務人報告其所有財產狀況，以資執行拍賣清償欠款，而免債權人受害。

謹
○○地方法院民事執行處　公鑒

證物名稱及件數：

　　　　　　　　　具狀人：○○○印
　　　　　　　　　撰狀人：○○○印
中　華　民　國　○　○　年　○　○　月　○　○　日

如果是惡意隱匿財產，還有「管收」的問題，將債務人關在特定地方，以限制自由的方式迫使債務人願意履行債務。（相關內容請參照本章「拘提管收」之內容）

說清楚！

3 聲請執行

一 聲請執行的基本概念

強制執行是指由債權人具狀向執行法院聲請強制執行。

強制執行是為實現私權,因此私人權利之實現,是否須國家公權力介入,應尊重權利人之意思,故須債權人之聲請始得為之。

二 如何寫狀紙

只要有了執行名義,也知道債務人的具體財產的數量及位置後,就可以開始寫狀紙,聲請執行法院進行強制執行,以下是聲請強制執行狀的範例:

民事 聲請強制執行 狀

案號:○○

股別:○○

訴訟標的金額或價額:○○

聲請人及債權人:○○○ 住居所:○○○○○

債務人:○○○　　　　住居所:○○○○○

為聲請強制執行事:

一、聲請強制執行的內容:

債務人應給付新臺幣○○○元,及自民國

依據執行名義內容所載,至於「執行費用」是指強制執行所須的費用。

(續下頁)

（承前頁）

　　○○年○月○日起至清償日止，按週年利率

　　百分之○計算的利息及執行費用。

二、執行名義：

　　○○○○○○法院○○年度○○字第○○○

　　號確定判決（證一）。

依實際執行名義記載。並將執行名義的種類與名稱寫在證物名稱及件數中。

三、執行標的：

　　請求拍賣債務人所有如附表所示的不動產

　　（證二）。

將不動產等執行標的物之詳細內容以附表方式附隨在訴狀之後。

謹　狀

○○○○地方法院民事執行處　公鑒

證物名稱及件數：

一、○○年度○○字第○○○號○○○案判決書

　　及判決確定證明書各乙份。

二、執行不產的土地（建物）登記簿謄本。

　　　　　　　　　　具狀人：○○○印

　　　　　　　　　　撰狀人：○○○印

中　華　民　國　○○　年　○○　月　○○　日

聲請強制執行！

三 如果之前已經假扣押

債權人如果已經依據第二章「假扣押」的內容，向法院聲請假扣押，則撰寫聲請強制執行狀的寫法，可參考下列內容，請求法院調卷執行：

民事 聲請強制執行 狀

案號：○○

股別：○○

訴訟標的金額或價額：○○

聲請人及債權人：○○○ 住居所：○○○○○

債 務 人：○○○ 　　住居所：○○○○○

為聲請強制執行事：

一、聲請強制執行的內容：

　　債務人應給付新臺幣○○○元，及自民國

　　○○年○月○日起至清償日止，按週年利率

　　百分之○計算的利息及執行費用。

二、執行名義：

　　○○法院○○年度○○字第○○○號確定判

　　決。（證一）

三、執行標的：

　　請求拍賣債務人所有如附表所示的不動產。

　　（證二）

> 依實際執行名義記載。

> 依實際執行標的記載。

（續下頁）

（承前頁）

上述執行標的已因 鈞院○○年度○○字○○○號假扣押執行事件查封在案，請 鈞院調卷執行。

> 請寫下先前假扣押的案號，法院就會調卷，依法執行已遭假扣押的不動產。

謹 狀

○○○○地方法院民事執行處　公鑒

證物名稱及件數：

一、○○年度○○字第○○○號○○○案判決書及判決確定證明書各乙份。

二、執行不動產的土地(建物)登記簿謄本。

　　　　　　　　　具狀人：○○○印

　　　　　　　　　撰狀人：○○○印

中 華 民 國 ○ ○ 年 ○ ○ 月 ○ ○ 日

四 本票裁定

　　本票裁定是強制執行名義的一種。由於本票是商業往來交易中的一種重要工具，在此特別簡單介紹本票裁定的概念。

(一) 到底是持有本票好，還是支票好？

　　以前支票跳票還有刑事責任可以處罰，現在已經沒有這種刑事處罰的規定。因此，支票的保障已經大大減低，如果發生支票跳票的情況，還是要經過一般的訴訟程序求償。

　　但是本票就不一樣了，依據法律規定：「執票人向本票發票人行使追索權時，得聲請法院裁定後強制執行。」（票據法§123）此一程序通常稱之為本票裁定。只要經由本票裁定，就可以進行強制執行，相較於支票，更為迅速便捷。

　　舉個撰寫聲請本票裁定的範例：（如右頁）

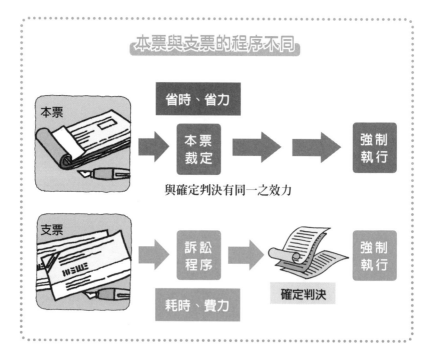

本票與支票的程序不同

本票 → 省時、省力 → 本票裁定 → 強制執行

與確定判決有同一之效力

支票 → 訴訟程序 → 確定判決 → 強制執行

耗時、費力

民事聲請狀

案號：○○

股別：○○

訴訟標的金額或價額：○○

聲請人即債權人：○○○　住居所：○○○○○○

相對人即債務人：○○○　住居所：○○○○○○

為聲請裁定本票強制執行事：

一、聲請事項

(1)裁定相對人簽發如附表所載本票金額新臺幣
○○○元整，及自到期日起至清償日止按
週年利率百分之○的利息，准予強制執行。

> 如果沒有特別約定利息，依票據法規定，就是6％的利息。

(2)聲請程序費用由相對人負擔。

二、事實及理由

(1)聲請人持有相對人簽發如附表所載的本票
○張(證一)，均已屆期，經提示未獲付
款。聲請人雖屢為催討，仍未蒙置理。

> 寫下聲請的理由。

(2)為此依據票據法第123條、非訟事件法第
194條規定，聲請裁定准予強制執行，以
保權益。

謹　狀

○○地方法院　公鑒

證物名稱及件數：

證一：本票正本○張。

> 提供法院本票正本。

具狀人：○○○印

撰狀人：○○○印

中　華　民　國　○○　年　○○　月　○○　日

【票據法第123條】

執票人向本票發票人行使追索權時，得聲請法院裁定後強制執行。

【非訟事件法第194條】

Ⅰ 票據法第123條所定執票人就本票聲請法院裁定強制執行事件，由票據付款地之法院管轄。

Ⅱ 2人以上為發票人之本票，未載付款地，其以發票地為付款地，而發票地不在法院管轄區域內者，各該發票地之法院俱有管轄權。

五 強制執行費用的負擔與計算

強制執行費用與先前提到的訴訟費用並不一樣，指聲請強制執行，從查封、測量、鑑價、拍賣登報等等，統稱為執行費用。執行費用由債務人負擔，但是法院得命債權人預納。（強制執行法§28）

執行標的金(價)額	執行費用
5,000 元以下	0元
超過 5,000 元	7元/每千元

非財產案件，執行費用3,000元。其他未規定者，準用民事訴訟法的規定。

4 不動產執行

■ 基本步驟

不動產執行的程序較為複雜，基本上可以參考右頁的流程表，以初步瞭解整個過程：

■ 第一階段——查封階段

㈠囑託地政機關進行查封登記

不動產之查封登記而言，實務上執行法院常以公函方式囑託地政機關為查封之登記。

㈡引導法院人員至現場執行查封行為

債權人聲請「指封」（白話的講法：指出地點，進行查封），通常都會與地政機關、執行法院的書記官（或執達員）相約時間及地點，一起到現場進行查封的動作。

如果地點太遠的話，債權人可以委託代理人為之，但是記得要寫一張委任代理狀。以下是委任代理狀的簡易參考格式：

委任代理狀

債權人○○○針對○○法院○○年第○○號執行事件，委託○○○為代理人，代為執行相關法定程序。

委　　託　　人：○○○（身分證字號：○○○ 地址：○○○）

受託代理人：○○○（身分證字號：○○○ 地址：○○○）

中華民國○○年○○日○○號

不動產的執行程序

❶	查封階段	A	囑託地政機關進行查封登記
		B	債權人引導法院人員至現場執行查封行為
		C	不動產的測量與調查
❷	拍賣進行階段	A	通知行使抵押權
		B	鑑價程序
		C	拍賣公告、通知
		D	拍定
		E	通知優先購買權人行使權利
❸	完成拍賣階段	A	繳交價款
		B	塗銷查封、抵押權登記
		C	發權利移轉證明書
		D	製作分配表、定期分配及領取價款
		E	點交

在前往進行指封時，最好先以電話與執行法院的承辦人員聯繫，確認應攜帶的物品，以免白跑一趟，尤其是地點若在很偏遠的地方，該帶的物品都沒有帶，還要重新再來一次，恐怕就很讓人頭痛了。

　　不動產之查封，一經實施，即生效力。而已登記之不動產，執行法院應先通知登記機關為查封登記，其通知於查封行為實施前到達登記機關時，亦發生查封之效力。

⿢ **不動產的測量與調查**

　　不動產拍賣價格的高低，與不動產現況有關。法院執行現場查封時，會囑託地政機關進行測量，亦會對不動產占有使用情形或其他權利關係現況加以調查。

⊟ 第二階段──拍賣進行階段

㈠ **通知行使抵押權**

　　存在於抵押物上之抵押權因拍賣而消滅，因此執行法院進行拍賣程序時，會依法通知抵押權人行使權利。（強制執行法§98Ⅲ）

㈡ **鑑價程序**

　　拍賣不動產時，執行法院會命鑑定人估定不動產的價格。實務上，通常是委託民間鑑價公司鑑價為之。

　　鑑價之後，執行法院會「核定底價」，為兼顧債權人及債務人之權益，通常會詢問債權人及債務人之意見，以免底價過高或過低而損及雙方權益，但最終核定底價之權為執行法院。又執行法院於核定拍賣最低價額時，通常亦會酌定保證金。

　　如果覺得鑑定價格過高或過低，就

我會保障雙方權益！

必須找一些事證，來證明確實過高或過低，可以撰寫以下書狀：

民事聲請狀

案號：○○

股別：○○

訴訟標的金額或價額：○○

聲請人即債權人：○○○　　　住居所：○○○○

為對鑑定價額認為過高（過低），請求酌減（酌增）價額核定拍賣底價事：

一、貴院○○年度執○字第○○號，債權人○○○與債務人○○○間強制執行事件，陳述鑑價意見通知敬悉。

二、坐落○○縣（市）○○鄉（鎮）○○段○○小段○○地土地市價約新臺幣（下同）○○元，惟鑑定價額○○元，顯然過高（過低），目前之市價有下列文件可資證明：

（一）○○○

謹　狀

○○○○地方法院民事執行處　公鑒

證物名稱及件數：

一、○○○

二、○○○

具狀人：○○○印

撰狀人：○○○印

中　華　民　國　○　○　年　○　○　月　○　○　日

寫下你認為鑑定價額過高或過低，若認為過高的話，就是酌減；如果認為過低，就酌增。

法院會通知鑑定結果，本段是指已經接獲該鑑定意見。

提出可以證明鑑定價格過低的證據。

　　如果鑑價過低，清償完優先債權及強制執行費用後，恐怕所剩無幾，根本沒有拍賣的實益，法院就會通知債權人。

　　若債權人認為價格應該很高，就必須提出事證，並且參考下列書狀撰寫聲請狀：

民事聲請狀

案號：○○

股別：○○

訴訟標的金額或價額：○○

聲請人即債權人：○○○　住居所：○○○○○○

為陳明有拍賣實益指定拍賣價格，聲請拍賣事：

一、聲請人即債權人於民國○○年○月○日收受貴院通知，本件受執行的不動產價格，不足清償優先債權及強制執行之費用。但基於下列理由，聲請人認為該不動產賣得價金仍有賸餘可能（或聲請人指定以新臺幣○○○元拍賣），如未拍定並願負擔其費用：

　（一）○○○

　（二）○○○

二、為此依強制執行法第80-1條第1項規定，聲請貴院予以拍賣。

謹　狀

○○○○地方法院民事執行處　公鑒

證物名稱及件數：

　　　　　　　　　具狀人：○○○印

　　　　　　　　　撰狀人：○○○印

中　華　民　國　○○　年　○○　月　○○　日

清楚地寫出你認為還是有拍賣實益的理由，例如該房屋所在地點，目前正在發展觀光事業，雖然附近房價暫時不高，但是仍然有許多業者有興趣買。

如果是指定拍賣價格，則必須寫下聲請人指定以新臺幣○○○元拍賣。

如果當事人都願意負擔執行費用，法院就沒有不准拍賣的理由。

寫下聲請此種拍賣的法律依據。

參考法條

【強制執行法第80-1條第1項】

不動產之拍賣最低價額不足清償優先債權及強制執行之費用者，執行法院應將其事由通知債權人。債權人於受通知後7日內，得證明該不動產賣得價金有賸餘可能或指定超過該項債權及費用總額之拍賣最低價額，並聲明如未拍定願負擔其費用而聲請拍賣。逾期未聲請者，執行法院應撤銷查，將不動產返還債務人。

(三) 拍賣公告、通知

為使一般人能事先明瞭不動產拍賣的相關資訊，應先期公告，另應通知債權人及債務人於拍賣期日到場，如有優先承買人或他項權利人，也要進行通知。

　　相關公告，除了在法院、新聞媒體外，現在透過網路也可以看到法院拍賣的資訊，例如可以連上司法院的網站，就可以查出各個地方法院的拍賣資訊（包括房屋、土地與動產），甚至於還可以看到過去拍定的價格，作為拍賣價格的參考，如果是自己要買法拍物品者，這也是不錯的管道，請搜尋「司法院」、「法拍屋查詢系統」：

法拍屋查詢系統

法院拍賣公告	請輸入查詢條件		→查詢 ✕清除 ❓ ⌄
執行拍賣法院	全部 ⌄	鄉鎮市區 全不或	

執行拍賣法院　全部
縣市　全部 ⌄　段　全部 ⌄　鄉鎮市區　全不或
欄位查詢關鍵字　請輸入門牌地址 國鍵字，多個條件碼，請以半形空白隔開
拍賣標的　◉房屋 ○土地 ○房屋+土地 ○動產　拍賣程序及結果　◉一般程序 ○應買公告 ○拍定價格
拍賣日期　📅 ～ 📅 (日期格式如「1080530」，表民國108年5月30日)
案號　[▲▼] 年(例:108)　字(例:司執)　號(例:8527)　股(例:公)
最低拍賣價格　～ (元)　權利範圍　◉不分 ○全部 ○部份
面積　～ (坪)　債務人
點交否　◉不限 ○是　空屋否　◉不限 ○是
拍別　不分 ⌄　排序欄位　◉案號 ○坐落 ○日期 ○拍次 ○面積 ○總拍賣底價
執行法投標 拍賣採通拍書否　◉不限 ○是 ○只顯示併拍的資料　排序方式　◉小到大 ○大到小

本日參訪人數：4357 總參訪人數：1320184

本網站可以查看各個法院／地區／日期以及房屋／土地或動產等拍賣標的。

「一般程序」中，你可以看到目前正在拍賣的標的；「應買公告」是指都沒有人來拍賣，只好公告一段時間，看有沒有人願意購買；「拍定價格」是指過去拍賣的價格。

請注意：該網站拍定資料只保留3個月；欲查詢3個月以前之拍定資料，請至內政部不動產資訊平台之「價格行情」查詢（http://pip.moi.gov.tw/V3/Default.aspx）。

相同網站中，有關不動產拍賣資訊的顯示：

◎從這個網站可以得知拍賣的時間、地點、是否點交，是不是空
　屋等。

◎拍賣次數的部分，還可以知道是第幾拍，拍賣次數愈多，代表
　原本價格太高，或者是該筆不動產沒有競標的價值，所以不斷
　降價拍賣。

法拍屋查詢系統

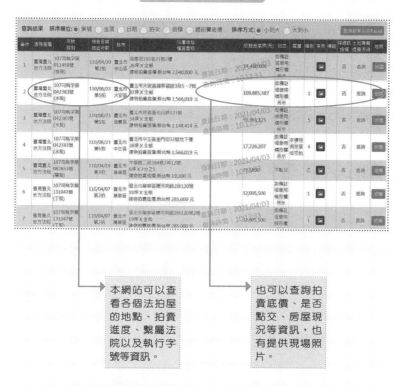

本網站可以查看各個法拍屋的地點、拍賣進度、繫屬法院以及執行字號等資訊。

也可以查詢拍賣底價、是否點交、房屋現況等資訊，也有提供現場照片。

　　如右頁圖所示，網站上有些拍賣標的物，還會提供不動產現況圖片，是由不動產鑑價公司於鑑價時所拍攝，但是實際情況還是必須以現場勘查為準，因此鑑價公司的拍攝結果僅供參考。

　　讀者參考這些照片時，還要自行比對拍賣公告中所列之拍賣標的物建號，以免看錯不動產標的。有些鑑價公司所做的不動產的說明內容非常詳盡，有些則較為簡略；較為詳盡的鑑價圖片，對於有心購買法拍屋的民眾幫助極大，能有效增加購買者的信心。

(四) 拍定

　　不動產之拍賣定有最低價，若應買人所出之最高價超過底價或等同底價，即為拍定；若未達拍賣最低價額者，為未拍定。未拍定則依強制執行法第91條規定可由債權人承受，債權人不願承受者，可以再減價拍賣二次。

　　共計於三次拍賣後仍無法拍定，依強制執行法第95條第1項規定，債權人不願承受或依法不得承受時，執行法院應於第二次減價拍賣期日終結後10日內公告願買受該不動產者，得於公告之日起3個月內依原定拍賣條件為應買之表示，執行法院得於詢問債權人及債務人意見後，許其買受之，當然債權人願承受者，也是比照辦理。

　　如在前述3個月期限內仍無人應買時，依強制執行法第95條第2項規定，債權人得聲請停止拍賣，而另行估價或減價拍賣，要注意的是，如仍未拍定或債權人也不要承受該不動產，甚至債權人根本未於期限內聲請減價拍賣，均視為撤回該不動產之執行。

鑑價公司提供的照片僅供參考，可以的話最好親自去現場看。

法拍屋現況照片

院外民眾查詢
1. 本相片非經著作權人同意，禁止下載.連結本網站網頁時，請另開新視窗。
2. 本網站之建物圖片係本案鑑估圖片，請自行比對拍賣公告中所列之拍賣標的物之建號。
3. 本網站之圖片由鑑價公司鑑價時拍攝僅供參考，實物宜至現場勘查為宜。

序號	說明	備註	鑑價師	照片
1	勘估標的整體現況(391、393地號及211建號)-東南向西北拍攝	整體現況地上坐落住家建物(含本案211建號建物，即紅色箭頭處)、部分空地、部分種植香蕉	京瑞不動產估價師聯合事務所	

京瑞不動產估價師聯合事務所

京瑞不動產估價師聯合事務所

京瑞不動產估價師聯合事務所

京瑞不動產估價師聯合事務所

京瑞不動產估價師聯合事務所

京瑞不動產估價師聯合事務所

| 17 | 勘估標的整體現況(478、479、493、490、492、498地號)-東南向西北拍攝 | 整體地上坐落多棟建物 | 京瑞不動產估價師聯合事務所 | |
| 18 | 勘估標的整體現況(478、479、493、490、492、498地號)-東南向西北拍攝 | 整體地上坐落多棟建物 | 京瑞不動產估價師聯合事務所 | |

　　上述再行減價拍賣的情況，必須經由當事人的聲請，其參考訴狀如以下所示：

民事聲請再行拍賣狀

案號：○○

股別：○○

訴訟標的金額或價額：○○

聲請人即債權人：○○○　住居所：○○○○○○

為聲請准予核減查封物價格，繼續拍賣，以早日取償欠款事：

一、聲請人與債務人因清償債務事件，業經　貴處以○○年度○字第○○○號執行查封債務人所有不動產，經二次減價拍賣，無人應買，現於依法公告進行特別拍賣程序中。

二、因本件拍賣土地為空地，毫無收益，如不再予減價，實不易賣出，聲請人的債權有難以取償之虞。為求早日拍賣，請准予核減查封物價格拍賣，以能早日取償，而維債權利益。

謹　狀

○○○○地方法院民事執行處　公鑒

證物名稱及件數：

具狀人：○○○印

撰狀人：○○○印

中　華　民　國　○○　年　○○　月　○○　日

> 說明目前拍賣的進度與結果。

> 寫下要求減價的原因。

196

(五) 通知優先購買權人行使權利

不動產經拍定或交債權人承受時，執行法院知有優先承買權利人者，得通知其於法定期限內是否願意承買。

四 第三階段——完成拍賣階段

(一) 繳交價款

不動產經拍定後，買賣契約成立，買受人即應按拍定之價金交付於法院。

(二) 塗銷查封、抵押權登記

依強制執行法第98條第3項前段規定，存在於抵押物上之抵押權，原則上會因拍賣而消滅，故拍定後執行法院會函請地政機關塗銷查封及抵押權登記。

但抵押權所擔保之債權未定清償期或其清償期尚未屆至，而拍定人或承受抵押物之債權人聲明願在拍定或承受之抵押物價額範圍內清償債務，經抵押權人同意者不在此限。

(三) 發權利移轉證明書

拍賣之不動產，買受人繳足價金後，執行法院應發給權利移轉證書及其他書據。拍賣之不動產，買受人自領得執行法院所發給權利移轉證書之日起，取得該不動產所有權，債權人承受債務人之不動產者亦同。

完成本頁及次頁的第三階段後，就取得拍賣物的所有權喔！

㈣ 製作分配表、定期分配及領取價款

拍定後，執行法院會依法製作分配表、定期分配及通知債權人領取價款。

法院分配款項的優先順序如下：

編號	分配款項的優先順序
①	執行費用：指聲請強制執行，從查封、測量、鑑價、拍賣登報等，統稱為執行費用。取得執行名義訴訟費用非執行費。
②	債務人土地增值稅。
③	抵押權人分配，有多順位債權人時，依順位在前者優先受償。
④	普通債權人，有多位債權人時，依債權比例分配。
⑤	如有賸餘者，始發還給債務人。

如拍賣結果債權人不足分配，法院會核發債權人不足額之「債權憑證」，隨時可再向債務人其他財產執行。

取得債權憑證，往往因為債務人沒有財產可供執行，甚至於債務人早就已經脫產脫光了，因此有人戲稱債權憑證如同貼在牆壁上的「壁紙」，沒有什麼價值。

㈤點交

買受人自領得執行法院所發給權利移轉證書之日起，取得該不產所有權，因此若債務人拒絕將不動產交出，則拍定人得依法聲請點交，以解除債務人之占有。（有關不動產之執行，參照強制執行法§75~113）

5 動產執行

━ 住家內的動產查封

　　基本上，不動產通常價值比較高，債權人較喜歡查封拍賣不動產，當不動產不足以清償債權的時候，才會轉而向法院請求查封動產。

　　檢附執行名義向法院民事執行處聲請強制執行，民事執行處收到聲請狀後會分案，分到案件股的書記官會寄發執行通知，債權人依據通知時間到法院引導執行，進行現場指封，由書記官製作查封筆錄，由執達員貼上封條。

　　通常債權人應會同轄區員警、里長一同前往查封。若債務人是戶長的話，則屋子裡面所有動產推定為戶長所有；反之，若債務人不是戶長，法院仍同意查封，戶長應出示戶口名簿以保全動產。

　　到底要查封什麼動產呢？

　　主要當然是查封屋子內較值錢的珠寶、股票、電器用品或鋼琴之類的東西，但是常常在法院動產拍賣的物品中，還會看到椅子、行李箱、紙箱、雨傘等物品，千奇百怪，無奇不有。

　　若是查封之動產由指封人（債權人）保管，則要準備車輛將查封之動產載回家保管。

二 車輛查封

　　實務上通常不太會去查封車輛，因為車輛常有貸款，貸款金額往

動產拍賣示意圖

| | 上一頁 | 4 | 5 | **6** | 7 | 8 | 下一頁 | |

No	案 號 分署 / 股別	拍賣日時	種類	圖片	說明
51	1050100014749 (台北分署 / 丑股) 第一拍	2021/04/06 14:00:00	其他		PUMA太陽眼鏡及BATMAN太陽眼鏡均一價每售500元
52	1060400402263 (台北分署 / 孝股) 第二拍	2021/04/06 14:00:00	其他		據義務人公司負責人陳稱，本次鑑賞飾品為歐洲及美國進口並曾於太平洋SOGO百貨公司、新光三越百貨公司倍賞A8、A11線等百貨公司專櫃銷售。(本次鑑賞價相已降很低，物超所值)
53	1080300401419 (台北分署 / 丁股) 第二拍	2021/04/06 14:00:00	其他		衣服 外套 褲子等鑑賞
54	1080300441066 (台北分署 / 酉股) 第二拍	2021/04/06 14:00:00	其他		鑑賞標的物數量如鑑賞公告附表所示，並無庫存，售完為止，且每人購賞數量不限，有意購買者，請提早到場，以免向隅。
55	1090300186024 (台北分署 / 恭股) 第二拍	2021/04/06 14:00:00	其他		超美保護觸控手套（S號或M號）及可洗口罩組，每組售價150元。數量有限，售完為止！！！

往往會高於車輛的殘餘價值，因此除非車輛已無貸款，或價值不菲（如古董車），查封車輛才比較有實益。

◎ 債務人的車子在哪？

這也是一個大問題，因為車子的機動性太高，要引導書記官執行，恐怕實質上會有困難。

況且，查封車輛須得找到車後，會同法院書記官現場查封後僱用拖吊車將車拖走，不一定符合經濟效益。

6 薪資執行

一 薪資的範圍

　　薪資的執行，是指每月應領薪資。範圍到底是多少呢？是指最低薪資嗎？還是全薪？有沒有包括獎金呢？如果只是底薪，以執行三分之一來計算，相較於全薪而言，債權要獲得清償可能要花更多的時間了。

　　薪資的部分並非最低薪資，而是全薪：

> 每月應領薪資 = 薪俸 + 各種津貼 + 獎金 + 補助費……等

　　其中有關獎金的部分，範圍很廣，包括：

> 獎金 = 工作獎金 + 年終獎金 + 考核獎金 + 紅利……等

二 怎麼寫聲請狀？

民事　聲請強制執行　狀

案號：○○
股別：○○
訴訟標的金額或價額：○○
聲請人及債權人：○○○　住居所：○○○○○○
債　　務　　人：○○○　住居所：○○○○○○
第　　三　　人：○○○　住居所：○○○○○○○

第三人如果是公司，就要寫出公司的代表人，可以連上「全國商工行政服務入口網」（http://gcis.nat.gov.tw/）查詢。

（續下頁）

（承前頁）

為聲請准許逕向第三人強制執行事：

聲請強制執行的內容：

一、債務人應給付債權人新臺幣○○元，及自民
國○○年○月○日起至清償日止，按週年利
率百分之○計算的利息。

二、執行費用由債務人負擔。

執行名義：

○○法院○○年度○○字第○○○號確定判決。

執行標的及方法：

債務人現服務於第三人○○處，每月應領薪水約
新臺幣○○元，請在該薪水○分之○的範圍內予
以扣押，並准由債權人自○○年○月份起按月逕
向第三人收取，以資清償。

> 必須要說明債務人服務單位、可能的薪水，債權人可以從哪一個月份開始，直接向第三人收取薪資。

謹 狀

○○○○地方法院民事執行處　公鑒

證物名稱及件數：

○○年度○○字第○○號○○案判決書及判決確
定證明書各乙份。

具狀人：○○○印

撰狀人：○○○印

中 華 民 國 ○ ○ 年 ○ ○ 月 ○ ○ 日

三 可能遇到的困擾

● 向第三人請求給付債務人的薪資時，可能會碰到下面狀況：

◎第三人（債務人任職的公司）聲明異議，表示債務人沒有領薪水，若真有發薪資，也以發現金的方式，無法透過帳戶調閱，瞭解薪資的多寡。

◎第三人（債務人任職的公司）聲明異議，表示債務人薪水很少，然後每個月只給債權人幾百塊錢，讓債權人有種被打發的感覺。（強制執行法§119）

◎第三人（債務人任職的公司）隨時可以表示債務人已經離職了。

● 債權人可以怎麼做呢？

◎對於第三人的異議，在將受法院通知後10日內向管轄法院提起訴訟。（強制執行法§120 II）

◎等待債務人的報稅資料出來，若第三人（債務人任職的公司）有開立扣繳憑單，核對公司當初報給法院的金額，與債務人的報稅金額有沒有落差，若落差很多，就可以向法院直接申報債務人在公司的確實薪資。

◎寫封信函（或以電話聯絡）給第三人（債務人任職的公司），請該公司配合辦理，一般來說都會配合辦理，內容要點如下：

一、希貴公司遵從○○法院○○年度○○字號執行命令辦理。

二、請將每月應扣押薪資匯入本人帳號○○○。

三、如貴公司未能確實執行前述命令，本人將依法追究，
　　切莫自誤。

參考法條

【強制執行法第119條】

Ⅰ第三人不承認債務人之債權或其他財產權之存在，或於數額
　有爭議或有其他得對抗債務人請求之事由時，應於接受執行
　法院命令後10日內，提出書狀，向執行法院聲明異議。

Ⅱ第三人不於前項期間內聲明異議，亦未依執行法院命令，將
　金錢支付債權人，或將金錢、動產或不動產支付或交付執行
　法院時，執行法院得因債權人之聲請，逕向該第三人為強制
　執行。

Ⅲ對於前項執行，第三人得以第1項規定之事由，提起異議之
　訴。

Ⅳ第18條第2項之規定，於前項訴訟準用之。

7 拘提管收

一 拘提、管收的意義

拘提是強制債務人到場接受詢問的一種強制處分；管收是一種為了促使債務人履行債務，在一定期間內，限制債務人於一定處所的強制處分。

◎ 廣告名人范○○案

廣告界名人范○○因積欠前妻贍養費188萬元，前妻獲得勝訴判決後聲請強制執行，范某表示無力履行，法官要求范某先行給付50萬元，否則予以管收，其餘金額則將傳喚債權人協調酌減。

◎ 亞世總裁鄭○○案

亞世集團旗下公司以環亞百貨地下一、二樓為擔保品向銀行借款，集團總裁鄭○○是連帶保證人。後因無法清償借款，遭銀行起訴並聲請強制執行，經雙方協調，同意以專櫃租金抵付利息。然而，債務人並沒有依約交付租金，經法官訊問鄭○○後，認為鄭某有可能履行卻故意不履行，且有隱匿財產的情況，諭令將鄭某管收。亞世集團才趕緊籌款350萬元，法官始裁定停止管收。

◎ 台積電男脫產事件

一位任職台積電的張姓男子，年薪非常高，超過300萬元，更多的資產在於配股，股票資產高達1億餘元；在收入滿滿的後遺症，就是壓力大導致回家經常與妻子爭吵，甚至於發生家暴而毆打妻子，雙方因此而離婚，法院判決妻子可獲得4,600萬元。

　　張姓男子不滿判決，又不甘心分給妻子4,600萬元，於是採取脫產策略，2021年1月間遭新竹地方法院以隱匿財產而裁定管收，這是首件夫妻離婚後因為脫產遭法官當庭管收的案例

🔲 拘提的情況

參考法條

【強制執行法第20條第1項】

已發見之債務人財產不足抵償聲請強制執行債權或不能發現債務人應交付之財產時，執行法院得得依債權人聲請或依職權，定期間命債務人據實報告該期間屆滿前1年內應供強制執行之財產狀況。

　　拘提，應用拘票（刑訴§77）。債務人有下列情形之一，而有強制其到場之必要者，執行法院拘提之：（強制執行法§21Ⅰ）

　　一、經合法通知，無正當理由而不到場。

　　二、有事實足認為有逃匿之虞。

🔲 管收的情況

　　債務人有下列情形之一者，執行法院得依債權人聲請或依職權命其提供擔保或限期履行：（強制執行法§22Ⅰ）

　　一、有事實足認顯有履行義務之可能故不履行。

　　二、就應供強制執行之財產有隱匿或處分之情事。

　　債務人有前項各款情形之一，而有事實足認顯有逃匿之虞或其他必要事由者，執行法院得依債權人聲請或依職權，限制債務人住居於一定之地域。但債務人已提供相當擔保、限制住居原因消滅或執行完結者，應解除其限制。（強制執行法§22Ⅱ）

前項限制住居及其解除，應通知債務人及有關機關。（強制執行法§22Ⅲ）債務人無正當理由違反第2項限制住居命令者，執行法院得拘提之。（強制執行法§22Ⅳ）

債務人未依第1項命令提供相當擔保、遵期履行或無正當理由違反第2項限制住居命令者，執行法院得依債權人聲請或依職權管收債務人。但未經訊問債務人，並認非予管收，顯難進行強制執行程序者，不得為之。（強制執行法§22Ⅴ）

債務人經拘提、通知或自行到場，司法事務官於詢問後，認有前項事由，而有管收之必要者，應報請執行法院依前項規定辦理。（強制執行法§22Ⅵ）

四 如何聲請拘提管收？

撰寫「民事聲請拘提管收債務人狀」。

民事　聲請拘提管收債務人　狀

案號：○○

股別：○○

訴訟標的金額或價額：○○

聲請人及債權人：○○○住居所：○○○○○○

債　　務　　人：○○○住居所：○○○○○○

為聲請拘提管收債務人以利執行事：

一、聲請人與債務人○○○因債務執行事，業經
　　貴院以○○年度○字第○○○號執行命令，命
　　債務人於1週內履行清償欠款及執行費用在案。

> 先說明本案緣起、相關法院執行字號。

（續下頁）

（承前頁）

二、現查債務人所經營電器用品店，原有甚多商
　　品排列店面，價值約新臺幣○○元，但自執
　　行命令到達後陸續搬走，店內已空無一物，
　　明顯存心隱匿財產，故意妨害債權。

> 發現債務人搬走可以扣押拍賣的電器用品，顯然有隱匿財產的情形。

三、依強制執行法第22條第1項第2款、第4項規
　　定，非予管收，顯難進行強制執行程序者而
　　應予以管收，以保債權。

> 前面有介紹拘提的情形有七種。本範例符合強制執行法第22條第1項第2款的情形。另外同條第5項的規定，是指符合拘提的情況，且法院命債務人提供擔保，債務人又沒有相當擔保，就可以管收債務人。

　謹　狀
　○○○○地方法院民事執行處　公鑒
　證物名稱及件數：

　　　　　　　　　具狀人：○○○印
　　　　　　　　　撰狀人：○○○印

中　華　民　國　○　○　年　○　○　月　○　○　日

五 刑法損害債權罪

　　為了確保強制執行的完成，避免債務人動輒脫產，損害債權人的權益，必要時可以採行刑事的手段，也就是刑法第356條的損害債權罪。

　　該條規定為「債務人於將受強制執行之際，意圖損害債權人之債權，而毀壞、處分或隱匿其財產者，處2年以下有期徒刑、拘役或1萬5千元以下罰金」。

　　例如債務人把家中的貴重物品全部加以破壞，或者是將不動產移轉給親戚朋友，導致債權人的債權無法獲得滿足，最重可以處2年的有期徒刑。

8 債權憑證

什麼是「債權憑證」？

聲請強制執行後，若債務人沒有財產可供執行，法院就會發給債權憑證，此憑證可以調閱債務人的財產所得，等到債務人有財產的時候再予以強制執行。

時常查資料，也要花不少的查詢費用，建議參考下列方式，定時向有關機關查詢資料：

查詢單位	查詢時間
國稅局	每年報所得稅後年底為宜
勞保局、健保局※	每半年

※勞、健保資料可以顯示查出債務人現在是否有工作，因為依照相關法律規定，只要有工作，雇主就有義務替勞工辦理勞、健保。

債務人為了避免債權人的催討，名下通常不會置產，有人認為債權憑證形同「壁紙」。因此，為了降低債務人的防備心，建議過一段時間按兵不動，讓債務人誤以為放棄追討，有時候名下就開始置產了，屆時聲請執行才可達到效果。

若是把戰線拉長，或許幾年後債務人死亡，繼承人又未辦理拋棄繼承或限定繼承，仍可繼續向繼承人的財產加以執行。

法院債權憑證時效5年，每5年一到你要換發新的債權憑證，確保債權的時效。

■ 如何聲請債權憑證？

以下分成兩種情形，讀者可依自己的情況撰寫。

第一種是債務人沒有財產可以執行的情況，所以向法院聲請直接發給債權憑證。

第二種是債務人有財產，但不夠清償債務，又沒有其他財產可以執行，所以向法院聲請發給債權憑證。

㈠債務人沒有財產可以執行的情況

民事　聲請核發債權憑證　狀

案號：○○

股別：○○

訴訟標的金額或價額：○○

聲請人即債權人：○○○　　　住居所：○○○○○○

法 定 代 理 人：○○○　　　住居所：○○○○○○

為聲請核發債權憑證事：

○○○年度○字第○○○○號，債務人○○○無財產可供執行，

聲請人○○○依強制執行法第27條聲請逕行發給債權憑證。

謹 狀

○○○○地方法院民事執行處　公鑒

證物名稱及件數：

具狀人：○○○印

撰狀人：○○○印

中 華 民 國 ○ ○ 年 ○ ○ 月 ○ ○ 日

㈡ 債務人有財產，但不夠清償債務，又沒有其他財產可以執行的情況

民事 聲請核發債權憑證 狀

案號：○○

股別：○○

訴訟標的金額或價額：○○

聲請人即債權人：○○○　　　住居所：○○○○○○

法 定 代 理 人：○○○　　　住居所：○○○○○○

為聲請核發債權憑證事：

○○○年度○字第○○○○號，債務人○○○所有財產經強制執行後所得之數額仍不足清償債務，經查債務人無其他財產，故聲請人○○○依強制執行法第27條聲請發給債權憑證。

謹 狀

○○○○地方法院民事執行處　公鑒

證物名稱及件數：

　　　　　　　　　　　　　　　具狀人：○○○印

　　　　　　　　　　　　　　　撰狀人：○○○印

中　華　民　國　○○　年　○○　月　○○　日

國家圖書館出版品預行編目資料

圖解民事訴訟：第一次打民事官司就OK！
錢世傑 著 / 第二版．
臺北市：十力文化 / 2021.06
頁數：224/ 尺寸：14.8×21 公分
ISBN：978-986-99134-9-2（平裝）
1. 訴訟程序 2. 民事訴訟法 3. 判例解釋例
586.41　　　　　　　　110008995

法 律 館　　S2104

圖解民事訴訟／第一次打民事官司就 OK！（第二版）

作　　者　錢世傑

責任編輯　吳玉雯
封面設計　劉映辰
書籍插圖　劉鑫鋒
美術編輯　林子雁

出 版 者　十力文化出版有限公司

發 行 人　劉叔宙
公司地址　11675 台北市文山區萬隆街 45-2 號
聯絡地址　11699 台北郵政 93-357 信箱
劃撥帳號　50073947
電　　話　(02) 2935-2758
網　　址　www.omnibooks.com.tw
電子郵件　omnibooks.co@gmail.com

ISBN　　978-986-99134-9-2

出版日期　第二版第一刷　2021 年 6 月
　　　　　第一版第一刷　2009 年 3 月

定 價　420元

十力文化出版有限公司　企劃部收

地址：台北郵政 93-357 號信箱

傳真：(02) 2935-2758

E-mail：omnibooks.co@gmail.com

　　無論你是誰，都感謝你購買本公司的書籍，如果你能再提供一點點資料和建議，我們不但可以做得更好，而且也不會忘記你的寶貴想法喲！

姓名／　　　　　　　　　性別／□女□男　　生日／　　　年　　　　月　　　　日
聯絡地址／　　　　　　　　　　　　　　運絡電話／
電子郵件／

職業／□學生　　　　　□教師　　　　□內勤職員　　□家庭主婦　　□家庭主夫
　　　□在家上班族　　□企業主管　　□負責人　　　□服務業　　　□製造業
　　　□醫療護理　　　□軍警　　　　□資訊業　　　□業務銷售　　□以上皆是
　　　□以上皆非　　　□請你猜猜看
　　　□其他：

你為何知道這本書以及它是如何到你手上的？
　　　請先填書名：
　　　□逛書店看到　　□廣播有介紹　　□聽到別人說　　□書店海報推薦
　　　□出版社推銷　　□網路書店有打折　□專程去買的　　□朋友送的　　□撿到的

你為什麼買這本書？
　　　□超便宜　　　　□贈品很不錯　　□我是有為青年　□我熱愛知識　□內容好感人
　　　□作者我認識　　□我家就是圖書館　□以上皆是　　　□以上皆非
　　　其他好理由：

哪類書籍你買的機率最高？
　　　□哲學　　　　　□心理學　　　　□語言學　　　　□分類學　　　□行為學
　　　□宗教　　　　　□法律　　　　　□人際關係　　　□自我成長　　□靈修
　　　□型態學　　　　□大眾文學　　　□小眾文學　　　□財務管理　　□求職
　　　□計量分析　　　□資訊　　　　　□流行雜誌　　　□運動　　　　□原住民
　　　□散文　　　　　□政府公報　　　□名人傳記　　　□奇聞逸事　　□把哥把妹
　　　□醫療保健　　　□標本製作　　　□小動物飼養　　□和賺錢有關　□和花錢有關
　　　□自然生態　　　□地理天文　　　□有圖有文　　　□真人真事
　　　請你自己寫：